Claudia Schmid-Rathjen

Mark Brandenburg
Wie es damals war

BUCHER

Inhalt

Einleitung 8

LandSchaft – von Wald, Wasser und Weite 10

Stationen märkischer Geschichte 10

Natur- und Landschaftsraum Mark Brandenburg 16
Steinreiche Mark – Erbe der Eiszeit 19
Märkische Heide – märkischer Wald 22
Die Kiefer – »Charakterbaum« der Mark 25

Von der Uckermark zum Spreewald, von der Prignitz zum Oderland 27
Uckermark, Barnim und Schorfheide 28
Oderland 29
Niederlausitz und Spreewald 33
Teltow und Fläming 36
Havelland 37
Prignitz und Ruppiner Land 39

Berlin – Metropole in der Provinz 40
Der Stoff, aus dem Berlin gemacht ist 40
Mark und Metropole – Stadtgüter und Stadtforsten 43

LandArbeit – vom einfachen, arbeitsreichen Leben 46

Viehwirtschaft 46
Weidehaltung und Milchwirtschaft 46

Feldwirtschaft 52
Ernte 52
Nährendes Kartoffelland 54
Obst, Gemüse und Tabak 59

Hauswirtschaft 66
Schlachten, Kochen, Backen – Sorgen für das tägliche Brot 66
Waschen, Nähen, Spinnen – mühsame Hausarbeit 70
Gärten der Mark – vom herrschaftlichen Lustgarten zum bäuerlichen Nutzgarten 74

Im Spreewald

Bauer, Gutsarbeiter, Dorfhandwerker – ländliche Berufe 76

Kiepen, Körbe, Kober – Trage- und Transportbehältnisse 76

Dorfhandwerker 77

Die Professionalisierung in der Landwirtschaft 81

Von der Muskelkraft zur Motorkraft 83

Licht kommt aufs Land 91

LandLeben – zwischen Tradition und Veränderung 92

Das Dorf als Lebenswelt 92

Feste im bäuerlichen Jahreskreis 92

Von Familienfeiern und Vereinsfesten 97

Kirche und Schule – dörfliche Autoritäten 102

Märkische Dialekte und Trachten 106

Das Gesicht märkischer Dörfer 112

Bauernhöfe der Mark – vom Wohnstallhaus zum Mehrhaushof 113

Unter Dach und Fach – schöner wohnen 119

Gutsdörfer und Herrensitze 122

Umbrüche in der Landwirtschaft – Bodenreform und Kollektivierung 126

Vom Bauerndorf zum Ausflugsort – Sommerfrische und Landlust 130

Bildnachweis und Impressum 138

Einleitung

Zunächst Markgrafschaft, später Kurfürstentum, territoriale Mitte und Provinz Preußens, sodann aufgeteilt in Bezirke und schließlich Bundesland – die Mark Brandenburg erfuhr im Laufe der Zeit vielfache Veränderungen. Das Land der Seen, Wälder, Wiesen und Felder mit Dörfern, deren Ortsmitte von Kirche und Dorfanger geprägt ist, war jedoch in erster Linie Lebensraum von Menschen. Überwiegend auf dem Lande spielte sich ihr Alltag ab, wurde gearbeitet und gefeiert, geboren und gestorben.

Dass Brandenburg durchaus im doppelten Sinne des Wortes einen »Markennamen« vorweisen kann, ist vor allem Theodor Fontane (1819–1898) zu verdanken. Als Schriftsteller und Reisefeuilletonist beschrieb er die Landschaft und ihre Bewohner zwischen Elbe und Oder präzise und mit viel Gespür für den Zauber der kleinen Dinge. Mit mehr als 5000 Seiten sind die *Wanderungen durch die Mark Brandenburg* sein umfangsreichstes Werk. In fünf Bänden, veröffentlicht zwischen 1862 und 1889, schildert er Siedlungen und Landschaften, Schlösser und Klöster, Geschichte und Geschichten von den Menschen der Mark.

Theodor Fontane (1819–1898) – Erfinder der »Marke« Brandenburg

Kurt Tucholsky sah in Fontane einen »märkischen Goethe«, der mit seinem Heimweh-Gefühl nach einer utopischen deutschen Heimat ein Bild von Brandenburg zeichnete, das lange nachwirkt. Bis heute werden die »Wanderungen« als Reisebuch benutzt. »Ich bin die Mark durchzogen und habe sie reicher gefunden, als ich zuhoffen gewagt hatte. (...) Wer in der Mark reisen will, der muß zunächst Liebe zu ›Land und Leuten‹ mitbringen, mindestens keine Voreingenommenheit. Er muß den guten Willen haben, das Gute gut zu finden, anstatt es durch krittliche Vergleiche tot zu machen.

Der Reisende in der Mark muß sich ferner mit einer feineren Art von Natur- und Landschaftssinn gerüstet fühlen. Es gibt gröbliche Augen, die gleich einen Gletscher oder Meeressturm verlangen, um befriedigt zu sein. Diese mögen zu Hause bleiben. Es ist mit der märkischen Natur wie mit manchen Frauen. ›Auch die hässlichste‹ – sagt das Sprichwort – ›hat immer noch sieben Schönheiten.‹ Ganz so ist es mit dem ›Land zwischen Oder und Elbe‹; wenige Punkte sind so arm, daß sie nicht auch ihre sieben Schönheiten hätten. Man muß sie nur zu finden verstehen. Wer das Auge dafür hat, der wag‹ es und reise. Drittens. Wenn du reisen willst, musst du die Geschichte dieses Landes kennen und lieben.«

Dieses Buch beginnt in der Zeit nach Fontane und schildert das ländliche Leben in der Mark in all seinen Facetten. Mit dem Beginn der Technisierung und Intensivierung in der Landwirtschaft um 1960 fanden auch in Brandenburg viele traditionelle Arbeitsweisen sowie Lebens-, Denk- und Glaubensformen ein Ende. Dieser Wandel setzt den Schlusspunkt der Darstellung.

Früher, so heißt es oft, gab es noch richtige Winter – hier ging es 1960 mit dem Schlitten zum Heimatmuseum Wandlitz.

LandSchaft – von Wald, Wasser und Weite

Stationen märkischer Geschichte

Wird umgangssprachlich von »der Mark« gesprochen, so ist damit allgemein das heutige Land Brandenburg gemeint. Diese Bezeichnung ist aber weder historisch noch territorial präzise. Geschichte, Größe und Grenzen der Mark Brandenburg sind wechselhaft. Die über die Grenzen des heutigen Bundeslandes hinausgehende historische Landschaft war einst das Kernland und eine Provinz Preußens und als solche eine eigenständige Region.

Die Mark Brandenburg hat ein überliefertes Geburtsdatum. Am 11. Juni 1157 eroberte Albrecht der Bär aus dem Geschlecht der Askanier eine Burg an der Havel – auf dem Gebiet der namengebenden späteren Stadt Brandenburg/Havel – außerhalb des Heiligen Römischen Reiches deutscher Nation. Schon 200 Jahre zuvor hatte es militärische Vorstöße samt einem Kreuzzug gegen die sogenannten Elbslawen gegeben, die aber kaum mehr als punktuelle Stützpunkte im Osten erbrachten. Erst die Einnahme der Brandenburg im damaligen Grenzgebiet östlich der Elbe wirkte nachhaltig in dem Sinne, dass ab dem Jahr 1157 eine systematische Landnahme durch deutsche Siedler einsetzte: die sogenannte Ostkolonisation.

Das eroberte Gebiet galt als Grenzsicherungsraum – daher die Bezeichnung als Mark –, als Transitregion zur Oder und Ostsee und als Kornkammer des Reiches. Markgrafen wurden vom Herrscher zur Sicherung eines Grenzgebietes eingesetzt und mit weitgehenden Vollmachten ausgestattet.

Der idyllische Ort Buckow in der Märkischen Schweiz

Die Alt-, die Mittel- und die östlich der Oder gelegene Neumark bildeten von West nach Ost das Territorium der Mark. Im Mittelalter wuchs die Mark kontinuierlich – überwiegend mit fried-

lichen Mitteln wie Kauf, Diplomatie, Heirat oder Erbschaft. Politische Bedeutung bekam sie erst unter den Hohenzollern. 1415 übertrug Kaiser Sigismund dem Burggrafen Friedrich von Nürnberg aus dem Hause Hohenzollern die brandenburgische Kurwürde – eine Herrschaft, die erst 1918 endete. 1356 war die Mark zum Kurfürstentum erhoben worden, der Name »Kurmark« geht hierauf zurück. Einem Kurfürsten kam das Recht zu, den deutschen König zu wählen.

Zwischen dem 13. und 16. Jahrhundert bildete sich eine besondere Form des Großgrundbesitzes heraus, die Gutsherrschaft. Sie hatte ihren Schwerpunkt in Ostelbien, in den überwiegend zu Preußen gehörenden Gebieten östlich der Elbe.

Der Dreißigjährige Krieg erschütterte die Region buchstäblich »bis ins Mark«. Über 60 Prozent der märkischen Bevölkerung starben, weite Landstriche verödeten. Ab 1618 wurde die Mark Brandenburg mit dem Herzogtum Preußen in Personalunion regiert, und mit der Schaffung des Königsreichs Preußen 1701 rangierte sie als Kernprovinz des aufstrebenden preußischen Staates. Die preußischen Könige führten den Titel Markgraf von Brandenburg weiter.

Bei der Neuordnung Europas auf dem Wiener Kongress 1815 infolge der napoleonischen Kriege wurde das Königreich Preußen

Für die Töpferstadt Görzke war die Bahnanbindung von großer wirtschaftlicher Bedeutung. Der Streckenabschnitt Ziesar-Görzke der Ziesarer Kleinbahn wurde 1911 eröffnet.

in zehn Provinzen aufgeteilt. Die Provinz Brandenburg neuen territorialen Zuschnitts umfasste die Mittel- und die Neumark, jedoch nicht mehr die Altmark westlich der Elbe. Sie kam nach über 600 Jahren gemeinsamer Geschichte zur neuen preußischen Provinz Sachsen. Die sächsische Niederlausitz dagegen wurde brandenburgisch.

Wesentliche Neuerungen auch politischer Art brachten die Agrarreformen in Brandenburg-Preußen. Sie waren ein komplizierter und Jahrzehnte währender Prozess, der als »Bauernbefreiung« in die Geschichte eingegangen ist. Tatsächlich wurden die Bauern befreit von Abgaben, Diensten und Verpflichtungen, die sie bis dahin für ihre Gutsherrschaft leisten mussten. Die freie Verfügung über Boden und Arbeitskraft war die Voraussetzung für eine Dynamisierung der Landwirtschaft. Die Abkehr von der klassischen Dreifelderwirtschaft und die Einführung der märkischen Koppel- (Wechsel zwischen Feldbau und Grasbau) und Fruchtwechselwirtschaft (Wechsel zwischen Halm- und Blattfrüchten) ließen in Brandenburg die Brache verschwinden. Neue Ackerfrüchte wie Klee und Zuckerrüben sowie die alles überragende Kartoffel sorgten für die Intensivierung der Landwirtschaft und bewirkten große Ertragssteigerungen.

Die von oben verordneten preußischen Agrarreformen revolutionierten auch die soziale Ordnung auf dem Lande. Auf den Gütern setzte eine »Professionalisierung« ein: Der Gutsherr wandelte sich zum Agrarunternehmer, bei dem nicht mehr in erster Linie der Geburtsstand, sondern die Leistung zählte. Die bäuerliche Sozialstruktur differenzierte sich – in den märkischen Dörfern wuchs eine Schicht von Groß- und Mittelbauern heran. Die Kleinbauern zählten dagegen zu den großen Verlierern der Agrarreformen – sie waren nicht nur rechtlich benachteiligt, sondern auch sozial degradiert worden. Und schließlich nahm die Gruppe der Tagelöhner und Lohnarbeiter im Verlauf des 19. Jahrhunderts ständig zu.

Ein weiteres Modernisierungswerk im ländlichen Raum Brandenburgs war der Ausbau der Infrastruktur. Mitte des 19. Jahrhunderts erlangte der Chausseebau, der sogenannte Kunststraßenbau, seine Blütezeit. Von Berlin ausgehend, wurde ein Netz von Straßenverbindungen gespannt. 1830 war die Fernverbindung nach Königsberg fertiggestellt. Auch die Metropolen Breslau (Schlesien) und Stettin (Pommern) wurden an- und eingebunden. Parallel dazu erfolgte der Ausbau der Eisenbahnlinien. Mit der Eröffnung der ersten preußischen Eisenbahnlinie zwischen Potsdam und Berlin 1838 begann eine neue Ära im Verkehrswesen. Radial von Berlin aus entstand ein immer dichter werdendes Eisenbahnnetz.

Dieser »Zug der Zeit« ergriff auch die ländlichen Gebiete. Im späten 19. Jahrhundert bildete sich jedoch bereits der Gegensatz zwischen Zonen hoher gewerblicher und industrieller Verdichtung und rein agrarisch geprägten Landstrichen heraus. Die Mark, die ihren Mittelpunkt Berlin ringförmig umschließt, gestaltete sich wie konzentrische Kreise – je weiter die Entfernung von der Metropole, je agrarischer die Lebenswelt. Noch lebte es sich auch im dörflich strukturierten Umland von Berlin wie in vorindustriellen Zeiten im Schatten von Gutshaus und evangelischer Kirche.

Die zerstörerische Kraft des Ersten Weltkriegs brachte eine tiefgreifende Zäsur in fast allen Lebensbereichen. Mit der Abdankung der Hohenzollern und der Gründung der Weimarer Republik begann ein neues Zeitalter. Jedes märkische Dorf, ja jede märkische Bauernfamilie hatte Väter und Söhne verloren. Schätzungen gehen von 120 000 gefallenen Brandenburgern aus. Sie fehlten nun in den Familien und Dörfern – als Arbeitskräfte und Steuerzahler. Als Zeugen für das Ausmaß der Verluste können die nach 1918 beinahe in jedem Dorf der Mark errichteten Kriegerdenkmale gelten.

Als Berlin 1920 ein von der Provinz Brandenburg unabhängiger Verwaltungsbezirk und Kommunalverband wurde, verlor Brandenburg 45 Prozent seiner Bevölkerung und 68 Prozent seiner Steuerkraft. Die nach Groß-Berlin eingemeindeten Gebiete – darunter zahlreiche einstige Dörfer – gehörten zu den am besten entwickelten in der Provinz Brandenburg.

Nach dem Ersten Weltkrieg legte der Versailler Vertrag von 1919 eine neue Ostgrenze für Deutschland fest. Brandenburg wurde Grenzland. Nach der sogenannten Gleichschaltung der Länder im NS-Staat erfolgte eine Umbenennung der Provinz Brandenburg in

Gau Mark Brandenburg. Im ländlichen Raum wurden in den 1930er-Jahren rüstungsrelevante Betriebe – besonders im nahen Umfeld Berlins – angesiedelt. Gerade diese Strukturen ließen das ländliche Brandenburg auch zum Ziel alliierter Bombenangriffe werden. Mit der Mitte 1943 einsetzenden systematischen Evakuierung von Berlinern zum Schutz vor Luftangriffen aufs vermeintlich sichere Land und mit dem Heer von Zwangsarbeitern und Kriegsgefangenen, die vor allem in der Landwirtschaft und in rüstungsrelevanten Betrieben arbeiten mussten, war Brandenburg so dicht besiedelt wie nie zuvor.

Die nationalsozialistische Herrschaft hinterließ am Ende des Zweiten Weltkriegs eine weitgehend zerstörte Provinz. Die Mark lag direkt auf dem Weg nach Berlin. Die Neumark und die Gebiete östlich von Berlin wurden überrollt. Die letzten großen Schlachten des Zweiten Weltkriegs auf deutschem Boden wurden in der Mark geschlagen: an den Seelower Höhen am Rande des Oderbruchs und bei Halbe südlich von Berlin.

Mit dem Zweiten Weltkrieg endete auch die territoriale Einheit der Mark. Brandenburg verlor ein Drittel seines Landes an Polen: die Neumark mit Landsberg an der Warthe, das Sternberger Land, Sorau, Züllichau und Schwiebus. Mit der Auflösung des Staates Preußen 1947 endete auch formell die Zugehörigkeit Brandenburgs zu Preußen. Das neugegründete Land Brandenburg blieb als solches nach Gründung der DDR 1949 bestehen.

Die Schlussphase des Krieges und die frühe Nachkriegszeit erlebten eine ungeheure Flüchtlingsbewegung. In Brandenburg galt im Ergebnis mindestens ein Viertel der Einwohner als Flüchtlinge und Vertriebene – »Umsiedler«, wie sie in der DDR offiziell hießen. Politisch wurde deren Heimatverlust beschwiegen, gesellschaftlich fanden sie in einer neuen »kalten Heimat« Aufnahme.

In der Sowjetischen Besatzungszone erfolgte unter der Losung »Junkerland in Bauernhand« eine politisch motivierte Bodenreform. Jeglicher Grundbesitz über 100 Hektar sowie Flächen von Nutznießern des NS-Staates und Kriegesverbrechern wurde entschädigungslos enteignet und an Kleinbauern, Landarbeiter und Umsiedler verteilt. Als der »erste Arbeiter- und Bauernstaat auf deutschem Boden« konstituiert wurde, war die Bodenreform offiziell abgeschlossen. Nach Gründung der DDR 1949 setzte eine Neuorientierung der Agrarpolitik ein, die vom individuellen Wirtschaften abging und stattdessen auf Planwirtschaft und Landwirtschaftliche Produktionsgenossenschaften (LPG) setzte. Die Durchsetzung der Kollektivierung – auch unter Anwendung von Zwangsmaßnahmen – bedeutete einen der größten Umbrüche auf dem Lande seit den Agrarreformen des 19. Jahrhunderts. Mit der sozialistischen Agrarpolitik einher ging Besitzverlust – viele verließen das Land, verbleibende Bauern mussten ihre Selbstständigkeit aufgeben. 1960 wurde die »Vollgenossenschaftlichkeit in der DDR« offiziell verkündet. Es gab so gut wie keine privat wirtschaftenden Einzelbauern mehr. Die bäuerliche Arbeits- und Lebenswelt veränderten sich grundlegend, ebenso das Gesicht der Dörfer.

1952 löste die DDR die Länder auf und bildete aus dem Land Brandenburg die Bezirke Potsdam, Frankfurt/Oder und Cottbus. Infolge der friedlichen Revolution 1989/90 wurde das Land Brandenburg wiedererrichtet, als die DDR im Juli 1990 das Ländereinführungsgesetz verabschiedete, um mit Wirkung vom 3. Oktober 1990 als eigenständiges Bundesland der Bundesrepublik Deutschland beizutreten.

Natur- und Landschaftsraum Mark Brandenburg

So wechselhaft die Geschichte Brandenburgs ist, so beständig ist die unverwechselbare Landschaft der Mark: Acker und Wiese, Wald und Heide, Fluss und See sind die bestimmenden Bausteine. Brandenburg wurde von den Eiszeiten geformt und ist durch Moränen, Urstromtäler und zahlreiche Seen geprägt. Die verschiedenen eiszeitlichen Ablagerungen sind für die märkischen Bodenverhältnisse, bei denen Sandböden und sandige Lehmböden vorherrschen, ebenso verantwortlich wie für die Topografie der märkischen Teilregionen: Prignitz und Uckermark, Havelland und Fläming, Barnim, Oderbruch und Spreewald.

Geografisch ist Brandenburg Teil des norddeutschen Tieflandes. Sein tiefster Punkt befindet sich mit 24 Meter über dem Meeresspiegel im Rhinluch an der Mündung der Dosse in die Havel. Sein höchster Punkt ist der Hagelberg (201 m) im Hohen Fläming bei Belzig.

Klimatisch liegt Brandenburg in einer Übergangszone vom atlantisch-maritimen zum östlich-kontinentalen Bereich. Die mittlere Jahrestemperatur liegt bei 8,5°C, die Jahresniederschläge schwanken von 500 bis 600 mm. Mit durchschnittlich rund 1600 Sonnenstunden im Jahr gilt Brandenburg als sonnenreiche Region.

Die natürliche Vegetation in Brandenburg entspricht dem Klima einer Übergangszone und den unterschiedlichen Böden. Im Nordosten herrscht Mischwald aus Birken, Kiefern, Eichen und Buchen vor. Kiefern- und Traubeneichenwald dominieren im Süden und Osten, in der Schorfheide wachsen Eichen- und Buchenwälder. In den feuchten Niederungen finden sich Erlenbruchwälder. Um 1900 betrug der Anteil des Nadelholzes, besonders der märkischen Kiefer, 94 Prozent. Als Ackerpflanzen gedeihen in Brandenburg Roggen und Kartoffeln, auf den sandigen Lehmböden im Oderbruch und in der östlichen Uckermark auch Weizen und Rüben. Um Schwedt wurde Tabak kultiviert. Der Obst- und Gemüseanbau ist – besonders für den Berliner Markt – im Spreewald, im Neißetal und um Werder/Havel von Bedeutung. Auch der Weinanbau hat in der Mark eine Tradition.

Im Winter erfolgte der Holztransport mit dem Schlitten.

Der Finow-Kanal, hier bei Zerpenschleuse, wurde 1743 erbaut und verbindet Havel und Oder.

Brandenburg ist außerordentlich reich an natürlichen Seen – Werbellin-, Scharmützel- und Schwielochsee, Stechlin, Liepnitz und viele andere – und Flüssen. Am markantesten ist die Prägung durch die Stromsysteme von Elbe und Oder – durch sie liegt die Wasserscheide zwischen Nord- und Ostsee in der Mark. Zentrale Bedeutung hat auch die Havel, die als reiner Tieflandfluss bei fast 350 Kilometer Länge ganze 36 Meter Gefälle aufweist und zahlreiche Nebenflüsse hat – Spree, Nuthe, Plane, Rhin, Dosse und andere. Da der Abfluss relativ gering ist, sind bei Hochwasser kilometerlange Rückstaus die Folge. Dadurch wird in den Luchgebieten die Versumpfung oder kanalartige Verästelung wie im Spreewald gefördert. Die Oder ist ein gefährlicher Fluss, wechselt sie auf ihrem Weg zur Ostsee doch immer wieder die Fließgeschwindigkeit. Das Oderbruch wird heute intensiv landwirtschaftlich genutzt – vor Jahrhunderten war es eine fischreiche feuchte Wildnis, dem Menschen nicht zuträglich.

Künstliche Wasserwege wie der Oder-Spree-, der Finow- oder der Oder-Havel-Kanal verbinden die Oder mit der Elbe und durchziehen Brandenburg. Deutschlands älteste künstliche Wasserstraße ist der Finow-Kanal. Bereits im 17. Jahrhundert zwischen der Havel und der Oder erbaut, im Dreißigjährigen Krieg fast völlig zerstört, unter König Friedrich II. wieder hergerichtet, wurde er 1914 durch den Oder-Havel-Kanal ersetzt.

Das märkische Wasserstraßennetz ist eine zentrale Voraussetzung für den Bauboom der Hauptstadt – Berlin wurde buchstäblich aus dem Kahn erbaut!

Steinreiche Mark – Erbe der Eiszeit

Die Felder in der Mark sind oft mit Steinen durchsetzt. Feldstein ist allerdings keine geologische Bezeichnung, vielmehr Hinweis auf den Fundort. Ein Findling ist ein einzeln liegender sehr großer Stein, der durch Gletscher während der Eiszeiten an seinen Platz transportiert wurde. In Brandenburg wurden große Findlinge in ur- und frühgeschichtlicher Zeit zum Bau von Kult- und Grabstätten genutzt. Die Beispiele in der Uckermark und den Landstrichen zwischen Fläming und Oberbarnim sind zahlreich.

Von Steinen durchmischtes Ackerland ist für die Bauern ein Übel. Steine reißen die Pflugscharen ab oder schädigen Landmaschinen, wenn sie in deren Räderwerk geraten. Je tiefer der Pflug sich in die Erde gräbt, desto mehr Steine aus den unteren Erdschichten gelangen an die Oberfläche. Viele Generationen von Bauern haderten und hadern mit dieser aus ihrer Sicht lästigen Hinterlassenschaft der Eiszeit, »spucken« doch die Felder der Mark unaufhörlich Steine aus. So bleibt den Bauern nichts anderes übrig, als immer und immer wieder die Feldsteine von Hand zu sammeln und an den Ackerändern zu Lesesteinhaufen aufzuschichten.

Die häufige Verwendung von Feldsteinen brachte einen neuen Beruf hervor, den Steinschläger.

Geschätzt hingegen wurden die Steine als preiswertes Baumaterial. Feldsteinbauten gehören zu den landestypischen Gebäuden. Diese Bauweise hatte zwei Blüteperioden: im 12. und 13. Jahrhundert im Burgen- und Kirchenbau sowie im 18. und 19. Jahrhundert bei der Errichtung bäuerlicher Nutzbauten, allen voran bei Ställen, Scheunen und Hofbegrenzungen. Die gespaltenen und behauenen Feldsteine wurden dekorativ verarbeitet und zum Teil sogar farblich zueinander geordnet. In der Mark entwickelte sich eine typische Bauweise, bei der bearbeitete Feldsteine mit Gesteinssplittern verzwickelt werden, wodurch sie sich untereinander stabilisieren. Oftmals wurden Feldsteine auch mit Holz, Lehm und Ziegeln kombiniert, was solchen Bauten eine herbe Formschönheit verlieh.

Die häufige Verwendung von Feldsteinen brachte einen neuen Beruf hervor, den Steinschläger. Waren es anfänglich arme Bauern, die besonders in den Wintermonaten das schwere Handwerk ausübten, um sich ein Zubrot zu verdienen, gab es bald professionelle Handwerker. Steinschläger waren entweder als Lohnarbeiter auf großen Gütern tätig oder sie siedelten in Dörfern in der Nähe größerer Geschiebevorkommen. Sie hatten Fertigkeiten zur

Das Forsthaus – eine ehemalige Papiermühle – bei Spechthausen am idyllisch gelegenen Nonnenfließ auf dem Barnim.

Bearbeitung der Feldsteine entwickelt, die über das Spalten der Steine hinausgingen. Sie bearbeiteten die Feldsteine nicht nur zum Bau, sondern auch zur Gestaltung von Gebäuden und waren im besten Sinne Bauhandwerker. Ein großer Bedarf ergab sich, als die Mark mit Wegen und Kunststraßen, sogenannten Chausseen, ausgestattet wurde. Systematisch wurde nach Steingruben gesucht, und man legte größere Aufschlüsse an. Ende des 19. Jahrhunderts wurden größere Steingruben von örtlichen Förstereien betrieben.

Vor dem Ersten Weltkrieg entstanden an Steingruben Schotter- und Splittwerke mit schwerfälligen Dampfbaggern, mechanischen Aufbereitungsanlagen, Feldbahngleisen mit Loren und eigenem Verladebahnhof. Bekannt waren die großen Gruben in Liepe bei Oderberg, Althüttendorf bei Joachimsthal sowie rund um Templin, in denen Großsteinblöcke mechanisiert abgebaut und bearbeitet wurden. Besonders eindrucksvoll waren die um 1910 errichteten Gruben und Werksanlagen bei Althüttendorf, die noch bis in die Mitte der 1960er Jahre betrieben wurden. Nicht nur die Arbeit märkischer Steinschläger ähnelte jener von Bergleuten, auch ihre Folgen sind mit jenen des Bergbaus vergleichbar: Steinschlägergruben hinterließen teilweise kilometerlange Narben in der Landschaft.

Der Steinhunger machte auch vor geologischen Naturdenkmalen nicht halt, die im Volksmund als Riesen- oder Teufelssteine bezeichnet werden und in der Frühgeschichte als Kultsteine oder Megalithgrabsteine eine Rolle spielten. Die bekanntesten Findlinge sind der Große und Kleine Markgrafenstein in den Rauenschen Bergen südlich von Fürstenwalde/Spree. Der »kleine« Stein ist mit 180 Kubikmeter Volumen einer der größten Findlinge Deutschlands. Der »große« Stein wurde am 24. August 1827 gespalten und aus seiner Mitte in fünfjähriger Arbeit jene Granitschale mit 6,90 Metern Durchmesser geschaffen, die im Berliner Lustgarten vor dem Neubau des Alten Museums steht. Manch imposanter Findling aus der Provinz wurde auch naturbelassen und fand einen neuen Standort als Zier- oder Gedenkstein in der Metropole, wie zum Beispiel jener aus dem Barnim, der den Wasserfall im Berliner Humboldthain markiert.

Märkische Heide – märkischer Wald

Einst war der Wald Brandenburgs von offenen Heideflächen durchsetzt. Diese Flächen nutzten die Bauern von alters her als Waldweide oder Hütewald fürs Vieh. Flurnamen wie »Bullenwinkel« oder »Kuhtrift« bezeugen diese Nutzungsform. Aus märkischen Heiden wurde jahrhundertelang hemmungslos der Holzbedarf gedeckt, ohne Vorsorge für Nachzucht zu betreiben. »Heidereiter« sorgten bis ins 18. Jahrhundert für die Durchsetzung der Forstordnung, wirkten als Grenzaufseher und Steuereintreiber. Aus dem Stand der Heidereiter ist der Beruf des Försters hervorgegangen. Forstreviere wurden verwaltenden Beamten überwiesen. Nicht von ungefähr verweist die historische Bezeichnung für die kleinste Ordnungseinheit in der Forsteinteilung, nämlich »Jagen«, auf eine weitere Nutzung der Wälder: die Jagd, sei es zur Nahrungsbeschaffung, sei es zum Vergnügen.

Ehedem war das Jagdrecht den Landesherren und dem Adel vorbehalten. Als 1815 beim Wiener Kongress das Heilige Römische Reich deutscher Nation mit seiner feudalen Ordnung in 39 souveräne Einzelstaaten zerfällt, wird der Souveränitätsverlust der Fürs-

Die unzähligen Kanäle im Spreewald bilden ein Labyrinth, in dem man sich leicht verirren kann.

ten mit Wald entschädigt. Aus dieser Zeit und aus Waldverkäufen, die der preußische Staat im Zuge der Separation und auch aus Finanznot tätigte, stammen noch heute die meisten großen Privatwälder. Das erste preußische Jagdgesetz von 1853 erlaubte jedem Waldbesitzer mit über 75 Hektar die eigene Jagd. Im 20. Jahrhundert wurde die Schorfheide das bevorzugte Jagdgebiet der Mächtigen. Ob Kaiser Wilhelm II., Hermann Göring oder Erich Honecker – Jagdschloss Hubertusstock galt allen als beliebter Aufenthaltsort. Aber nicht nur herrschaftliches Jagen hat Tradition in der Mark, im waldreichen Brandenburg ging der kleine Mann ohne Büchse auf die Pirsch: Bewaffnet mit Messer und Körben war Pilzesuchen angesagt. Pilze ernährten die Märker nicht nur in Notzeiten, sie waren und sind in der Mark als kulinarische Besonderheit beliebt.

Ehrwürdige Buchen wie hier am Liepnitzsee bei Wandlitz nördlich von Berlin sind vor allem in der Schorfheide zu finden. Diese wertvollen Relikte großflächiger naturnaher Buchenwälder sind teilweise 250 bis 300 Jahre alt.

Der märkische Wald spendet noch eine andere überaus begehrte Frucht: die Blaubeere. Das Blaubeersammeln ist Berlinern und Brandenburgern eine lebendige Tradition. »Baschine« oder »Bäsinge«, wie Blaubeeren im märkischen Platt genannt wurden, sammelten bis 1945 vor allem Frauen und Kinder, um damit ein geringes Zubrot zu verdienen. Sie »durchkämmten« buchstäblich das Blaubeergestrüpp, um sich die Mühe des Pflückens zu erleichtern. Die Beeren kauften geschäftstüchtige Großhändler täglich frisch und äußerst billig auf, um sie mit sattem Gewinn in Berlin zu verkaufen.

Kiefer, Eiche und Birke dominieren die märkischen Wälder. In den nördlichen Landesteilen mit mehr als 580 Millimeter Jahresniederschlag bestimmt jedoch die anspruchsvolle Rotbuche das Bild des Waldes. Seit Mitte des 18. Jahrhunderts wurde die Buche auf Befehl König Friedrichs II. an allen geeigneten Orten in der

Mark gepflanzt. Eine systematische Aufforstung mit dem Ziel der Umstellung auf einen Produktionswald und der Schaffung einer nachhaltigen Waldbewirtschaftung setzten ein. Forstakademien mit Lehrforsten wurden geschaffen, die forsttechnische Ausbildung professionalisiert. In Brandenburg wurde 1830 in Eberswalde (Barnim) eine höhere Forstlehranstalt etabliert. Sie war als Ableger aus der Berliner Forstakademie hervorgegangen und wurde 1868 zu einer Forstakademie aufgewertet. Damit wurde in der Mark nach Minden (Hannover) nicht nur die zweite königlich-preußische Forstakademie etabliert, sondern auch der Grundstein für eine fast hundert Jahre andauernde Tradition gelegt. 1963 wurde der Lehrbetrieb in Eberswalde beendet, da die Forstfakultät aus politischen Gründen aufgelöst wurde.

Förstern gilt die Buche traditionell als »Mutter des Waldes«. Mit ihren tiefgreifenden Wurzeln lockert sie den Boden und bringt Nährstoffe aus den unteren Schichten nach oben. Ihr reichliches und gut abbaubares Laub wirkt bodenverbessernd und ist »Kinderstube« für viele andere Waldbewohner.

Die märkischen Buchenwälder sind landschaftlich besonders attraktiv, und ihre Schönheit lockte zu allen Zeiten Wanderer und Ausflügler an. Als Nutzholzlieferant war die Buche in der traditionellen Ökonomie der Eiche und der Kiefer unterlegen. Ehemals ausgedehnte Eichen- und Hainbuchenwälder wurden für die Ast- und Reisiggewinnung genutzt. Durch das Zurückschneiden, »Köpfen« und »Scheiteln« der märkischen Hainbuche, auch Hagebuche genannt, wurde der große Bedarf des Flechthandwerks gedeckt. Das Hainbuchenholz ist das schwerste, härteste und zäheste aller märkischen Baumarten. Es übertrifft das Eichen- und Pappelholz. Man stellte – bis heute übrigens – eine Vielzahl von Gebrauchsgegenständen her, die starken mechanischen Beanspruchungen wie Reibung und Stoß ausgesetzt sind, zum Beispiel Radzähne oder Zapfenlager. In Anspielung auf diese Holzeigenschaften wurde der Begriff »hagebüchen« für »derb, fest, zäh« geprägt, der in unsere Umgangssprache mit dem Adjektiv »hanebüchen« für »unerhört, unmöglich« Eingang fand.

Ende des 18. Jahrhunderts änderte sich die Nutzung der märkischen Wälder. Holz wurde vielfältig genutzt – als Brennmaterial, Baustoff und für die Werkzeugherstellung. Der Wald wurde zum Wirtschaftsgut. Brandenburgs Wälder boten einen riesigen Holzvorrat. Die Nähe Berlins brachte eine bedeutende holzverarbeitende Industrie hervor. Die wachsende Metropole verschlang Massen an Nutzholz für eine Vielzahl an Bauaufgaben. Im Berliner Umland expandierten die Sägewerke. Der Einsatz der Dampfmaschine wurde üblich, ebenso der Holztransport auf den Wasserwegen. Manches märkische Dorf mauserte sich zum Holzzentrum. Was mit Dorfhandwerkern wie Tischlern, Stellmachern und Zimmermännern begann, entwickelte sich zu florierenden Familienbetrieben und später zu volkseigenen Holzverarbeitungswerken.

Kiefernwald war für Brandenburg von großer wirtschaftlicher, ökologischer und landschaftsprägender Bedeutung.

Die Kiefer – »Charakterbaum« der Mark

Nicht grundlos wurde die Mark »des Heiligen Römischen Reiches Streusandbüchse« genannt. Brandenburg gilt als *die* Kiefernregion Deutschlands. Die nährstoffarmen und sandigen Böden bieten der

Zur Harzgewinnung wurden mit einem Hobel nach einem bestimmten Muster Rillen in den Stamm der Kiefer gezogen.

Kiefer optimale Bedingungen. Die Kiefer, auch Föhre genannt, ist der »Brotbaum« der brandenburgischen Forstwirtschaft. Das geradfasrige Kiefernholz lässt sich leicht bearbeiten, und ihr Holz liefert reichlich Harz, das Kien. Harzige Holzteile wurden als abgespaltene Kienspäne früher oft anstelle von Fackeln oder Lampen benutzt. Kienholz ist stark mit Harz durchtränktes Kiefernholz, das leicht entzündbar ist. Es diente als Zündmittel für anderes Brennmaterial und war bei ärmeren Leuten auch als Leuchtmaterial gebräuchlich. Im Brandenburgischen wird »kien« nicht ohne Grund auch für »rege, aufmerksam sein« verwendet. Als Kienspäne in den Bauernstuben die einzige erschwingliche Lichtquelle waren, musste man »auf dem Kien« sein, das heißt sorgfältig auf die Fackel im Haus achten.

Die Harzgewinnung ist in der Mark ein altes Waldgewerbe, das nebenberuflich ausgeübt wurde. Der reichliche Harzfluss der Kiefer führte erstmals 1916 zum planmäßigen »Anzapfen« von Bäumen. Mit einem Hobel schnitt der sogenannte Pecher fischgrätenartige Rillen in den Stamm. Je nach Durchmesser des Baumes schlug er ein bis drei Wundflächen, die Lachten. Der Balsam floss durch die Rillen in ein umgehängtes Sammelgefäß ab. In der Lachte selbst verblieb eine dünne Harzschicht, welche die Fläche nach außen abschloss, sodass die Kiefer gesund weiterwachsen konnte. Dann durfte der gehobelte Baum eine Woche ruhen, bevor der Pecher den Schnittvorgang wiederholte. Nach ungefähr vier Wochen war der Pechtopf gefüllt. Das so gewonnene Harz wurde als Rohharz verwendet oder destilliert zu Kolophonium und Terpentinöl. Harzungen wurden bis zum Ende der DDR 1990 durchgeführt. Noch heute kann man vielerorts in den märkischen Wäldern Kiefern mit den typischen Harzlachten sehen.

Die Kiefer ist auch als Weihnachtsbaum weit über Brandenburg hinaus gebräuchlich. In der Mark ist der Weihnachtsbaum seit der Mitte des 18. Jahrhunderts nachweisbar – und was lag da näher, als dafür eine Kiefer zu verwenden? Sie nadelt sehr spät und ist damit unter allen Christbäumen am längsten ansehnlich – eine typisch märkische herbe Schönheit.

Von der Uckermark zum Spreewald, von der Prignitz zum Oderland

Das Gesamtgebiet der Mark besteht aus unterschiedlichen Landschaftszonen. Aufgefächert von Ost nach West und mit Berlin als Mittelpunkt präsentiert sich eine Vielfalt, die den Reiz der märkischen Landschaft ausmacht.

Uckermark, Barnim und Schorfheide

Der Norden Brandenburgs schließt direkt an die Mecklenburger Seenplatte an. Vorwiegend westlich der Achse Prenzlau–Angermünde, konzentriert um Templin, finden sich außerordentlich gewässerreiche Gebiete. Je weiter nach Norden, desto lehmiger und fruchtbarer sind die Äcker, auf denen vor allem Weizen, Wintergerste, Raps und Zuckerrüben angebaut werden. Dieser fruchtbare Teil der Uckermark gilt als Kornkammer Brandenburgs. Zur Oder hin wird die Uckermark flacher, die Böden werden leichter und vorrangig für Roggen und Futterkulturen genutzt. Eine Besonderheit auf den mineralreichen Böden um Schwedt ist der traditionelle Tabakbau. Das untere Odertal ist eine naturnahe Flusslandschaft mit Auwäldern und weitläufigen Überschwemmungsflächen. Der Gegend um die Flüsse Randow und Welse hat der im uckermärkischen Biesenbrow geborene Schriftsteller Ehm Welk (1884–1966) mit seinen ulkigen Geschichten aus dem ländlichem Leben in seiner Kummerow-Trilogie ein literarisches Denkmal gesetzt.

Lychen liegt am Rande der Mecklenburgischen Seenplatte zwischen sieben uckermärkischen Seen.

Die südliche Uckermark verfügt über weitläufige Wälder und Streuwiesen, die weit in den Barnim hineinreichen. Der Barnim

Ein Gespannführer bereitet seine Pferde vor.

ist eine hügelige Hochfläche zwischen Eberswalder und Berliner Urstromtal nördlich von Berlin. Von seinem hohen Rand am Oderbruch flacht er allmählich zu Spree und Havel ab. Er ist Hort der ältesten künstlichen Wasserstraße Deutschlands, des Finow-Kanals. Parallel dazu verläuft die Oder-Havel-Wasserstraße, die Berlin mit der Oder und der Ostsee verbindet. Das 1934 eröffnete Schiffshebewerk Niederfinow gilt als technisches Wunderwerk des 20. Jahrhunderts. Die Schorfheide zählt zu den größten zusammenhängenden Waldgebieten Europas. Jahrhundertelang war sie ein bevorzugtes Jagdgebiet der Landesherren. Zwischen Chorin und Oderberg, zwischen Joachimsthal, Templin und Zehdenick erstreckt sich ein Landschaftsgebiet, das auf kleinstem Raum sämtliche Landschaftsformen der letzten Eiszeit aufbietet.

Oderland

Im Südosten Brandenburgs bei Ratzdorf fließt die Lausitzer Neiße mit dem aus Schlesien kommenden Oderstrom zusammen. Auf ihrem gewundenen Weg zur Ostsee passiert die Oder Eisenhüttenstadt und Frankfurt/Oder, Lebus und Küstrin sowie den Barnim und die Uckermark. Dabei ändert sie ständig ihre Richtung und Fließgeschwindigkeit. Die großräumige Kultivierung des Oder-

Roggenernte in Trebbin zwischen Teltow und Fläming um 1930.

bruchs begann mit der Bändigung des Oderlaufs. Ein militärisch organisiertes Bauregime unter Friedrich dem Großen begradigte die Oder, zwängte sie zwischen Dämme und legte das Schwemmland mit Kanälen und Dränagen trocken. Systematisch wurden Kolonistendörfer angelegt. Es entstand eine äußerst fruchtbare Fläche im Oderbruch – die jüngste künstlich geformte Teilregion Brandenburgs. Im Mittelpunkt des Ackerbaus standen Zuckerrüben und Kartoffeln. Im 20. Jahrhundert entwickelte sich das Oderbruch zum »Gemüsegarten Berlins«. Auch für seine Gänsemast ist es berühmt. In der Gegend um Neutrebbin wurden bis 1912 jährlich über zwei Millionen Weihnachtsgänse für die Berliner gemästet. Im Norden und Süden des Oderlandes dominieren auf den leicht sandigen Böden der Getreide- und Futteranbau (Roggen, Gerste) sowie die Weidewirtschaft (Schafe), dazwischen liegen weite Ackerebenen. In Möglin im Oderbruch wirkte Albrecht Daniel Thaer (1752–1828), der dort ein Mustergut betrieb, eine landwirtschaftliche Lehranstalt gründete und als preußischer Staatsrat die Agrarreformen umsetzen half.

So paradiesisch für Bauern das Oderland erscheinen mag, so realistisch drohen immer wieder Überschwemmungen und sogar

Ein Bild aus alten Tagen – Holländermühle auf der Anhöhe und Getreidehocken auf dem abgeernteten Feld.

Das typische märkische Dorf war von Kartoffeläckern und Roggenfeldern umgeben.

Hochwasserkatastrophen, da das Land stellenweise erheblich tiefer als das künstliche Flussbett liegt. Neben der Oder beherrschen die Flüsse Warthe und Netze mit ihren weiten Sumpfgebieten die Region. Größtenteils östlich der Oder im heutigen Polen befindet sich die Landschaft der Neumark. Die vorwiegend flache Region um Landsberg/Warthe, Königsberg/Neumark und Friedeberg gehörte bis 1945 zur preußischen Provinz Brandenburg.

Die Neumark war im Westen und Süden von der Oder begrenzt, im Norden reichte sie an Pommern und im Osten an Polen beziehungsweise von 1815 bis 1920 an Posen heran. Im Süden erstreckte sich die Neumark zeitweise bis in die Niederlausitz um Sorau, Cottbus und Guben. Küstrin war Anfang des 19. Jahrhunderts Umschlagplatz für Getreide und ein bedeutender Verkehrsknotenpunkt wegen der zusammentreffenden Straßen-, Schienen- und Wasserwege. Die Kampfhandlungen besonders gegen Ende des Zweiten Weltkrieg verheerten das Oderbruch. Als im Frühjahr 1945 hier die Rote Armee die Oder überquerte und mit schrecklichen Kampfhandlungen die Seelower Höhen stürmte, wurde die Befreiung Berlins eingeleitet.

Niederlausitz und Spreewald

Im Südosten der Mark liegt die Niederlausitz. Das »Sumpfland«, wie die einheimischen Slawen das Gebiet nannten, ist eine sehr feuchte Heide- und Teichlandschaft. Die Böden gleichen grundlosen Sandmeeren, die häufig von Überschwemmungen der Schwarzen Elster heimgesucht werden. Fischzucht hat eine jahrhundertelange Tradition. Berühmt sind die Teichlandschaften um die Stadt Peitz. Dass sich die Niederlausitz zum industriellen Zentrum im Südosten Brandenburgs entwickelte, verdankt sie den großen Braunkohlevorkommen, die seit Mitte des 19. Jahrhunderts im Tagebau zwischen Elsterwerda und Cottbus gefördert werden.

Der Braunkohlebergbau wirkte sich für die Bauern zunächst nachteilig aus. Von der Absenkung des Grundwasserspiegels durch den Tageabbau stark betroffen, gingen die ehedem nicht üppigen Getreideerträge bis zu 50 Prozent zurück. Die Erwerbslandwirtschaft konzentrierte sich auf vom Tagebau entfernt liegende Ackerflächen und setzte auf Kartoffel- und Rübenanbau. Der Kohleabbau mit seinem gravierenden Landschaftsumbau war aber eine ständige Bedrohung für landwirtschaftliche Flächennutzung. Erstmals 1924 wird in der sächsischen Lausitz ein Dorf, Neu-Lau-

Früher wurden Weiden sehr häufig als Kopfweiden geschnitten, um Material für Körbe oder Zäune zu bekommen. Regelmäßige Rückschnitte bewirkten die typische Form mit einem rund zwei Meter hohen Stamm und einem darauf aufsitzenden »dicken Kopf«.

Stimmungsvolle Uferlandschaft am Alt-Glietzener Oderdurchbruch.

busch, abgerissen, um die darunter liegende Braunkohle zu fördern. Dieses Schicksal sollte später auch brandenburgische Dörfer ereilen. Doch bot die sich entwickelnde Braunkohleindustrie den Niederlausitzern zusätzliche Verdienstmöglichkeiten. Es entstand ein Typus »Grubenarbeiterbauer«. Er verdiente seinen Lebensunterhalt im Kohleabbau, verstand sich selbst jedoch noch als Bauer und betrieb Landwirtschaft im Nebenerwerb. In den Dörfern stieg der Lebensstandard. Nach dem Zweiten Weltkrieg spielte die Energieversorgung in der DDR eine wesentliche Rolle, und die einheimische Braunkohle avancierte zum wichtigsten Energieträger. Ihre Förderung wurde intensiviert. Ab 1957 wurde der Bezirk Cottbus zum Kohle- und Energiezentrum ausgebaut.

Die Spree kommt von Süden aus dem heutigen Sachsen in der Gegend bei Spremberg nach Brandenburg, sie fließt an Cottbus und Fürstenwalde vorbei nach Berlin. Zwischen den Orten Lübben, Straupitz und Vetschau bilden deltaartige Verzweigungen der Spree, die durch angelegte Kanäle deutlich erweitert wurde, eine bizarre Landschaft. Der Spreewald ist einzigartig – ein solches Labyrinth von Kanälen und Flüssen gibt es kaum ein zweites Mal. Hier gibt es nichts, was nicht per Kahn befördert wird – seien es Heuschober, die als Wahrzeichen des Spreewaldes nach erfolgreicher Trocknung mit dem Kahn abtransportiert werden, oder Rinder, die auf die Weide sollen. Obwohl auf den Böden eigentlich nur anspruchslose Kulturen mit geringen Ertragserwartungen angebaut werden können, ist die Region für ihren Gemüseanbau bekannt: Kohl, Möhren, Einlege- und Schälgurken, Spargel, Meerrettich, Zwiebel. Das bekannteste Produkt ist die Spreewaldgurke, die ihre spezielle Würze aufgrund einer ausgeklügelten und wohlgehüteten Rezeptur erhält.

Die Straße zwischen Neugaul und Wriezen ist typisch für jene märkischen Wege, die, von Bäumen gesäumt, die Dörfer verbinden.

In der wasserreichen Mark waren Angeln und Fischen eine gute Einnahmequelle.

Teltow und Fläming

Der Teltow wird im Westen durch Nuthe und Havel, im Norden durch die Spree und im Osten durch die Dahme begrenzt, im Süden trifft er auf den Fläming. Die Gegend um Bad Saarow und den Scharmützelsee, den Theodor Fontane das »Märkische Meer« nannte, wird als Erholungsgebiet geschätzt.

Der Fläming als Teil des norddeutschen Tieflandes ist ein Endmoränenzug mit recht bewegtem Relief. Sein westlicher Teil, der Hohe Fläming, gilt als märkisches Mittelgebirge. Der 201 Meter hohe Hagelberg bei Belzig ist die höchste Erhebung des Landes Brandenburg. Zwischen Hohem Fläming im Westen und Niederem Fläming im Osten liegt die Stadt Jüterbog. Mit der Neuordnung Europas 1815 wurde der Hohe Fläming mit Belzig der Provinz

Brandenburg, der Niedere Fläming mit Wittenberg der Provinz Sachsen zugeschlagen. Seinen von den flämischen Siedlern abgeleiteten Namen trägt der Höhenzug erst seit der Mitte des 19. Jahrhunderts. Trockene, sandige und flachwellige Heiden begleiten Niederungsgebiete. Arme Sandböden und Niedermoore überwiegen. Große offene Räume wechseln mit weiten Wäldern ab. Die trockenen Böden des Fläming prädestinieren ihn zur Kartoffelregion. Ansonsten gedeiht der Roggen. Windmühlen bezeugen die einst florierende Getreideproduktion. Schäfer mit ihren Herden fanden ebenfalls ihr Auskommen. Neue Erwerbsquellen fanden die Bauern durch den Anbau von Sonderkulturen wie zum Beispiel Spargel in der Gegend um Beelitz. Historisch gilt der Fläming als das »Burgenland der Mark«. Über der Stadt Belzig thront die Burg Eisenhardt, in Wiesenburg befindet sich eines der repräsentativsten Schlösser Brandenburgs.

Havelland

Der äußerste Westen Berlins und das angrenzende brandenburgische Gebiet sind naturräumlich von der Havel geprägt, die hier teilweise seenartig erweitert ist. Die Havel umfließt u-förmig ein Gebiet zwischen Rhinow im Nordwesten und Oranienburg im Nordosten. Aus großen Grünlandflächen in den Niederungen heben sich inselartig die sogenannten Ländchen hervor, namentlich der Glien sowie Bellin und Rhinow. Etwas höher gelegen ist die Nauener Platte mit ihren Äckern. Was als »Natur« erscheint, ist im Havelland zu großen Teilen Kulturlandschaft – Ergebnis staatlich geplanter und gelenkter Landesmelioration. Schon vor 300 Jahren begannen hier mit dem Bau zahlreicher kleiner und größerer Kanäle umfangreiche Entwässerungsmaßnahmen. Aus Sumpf schuf man Grasländereien, aus trockenen Wiesen Äcker. Der hohe Anteil an Grünland begünstigte die Weidewirtschaft.

Das Havelland gilt auch als Obstkammer der Mark. Auf eine lange Tradition des Obstanbaus blickt Werder (Havel) zurück. Rings um die Stadt breiten sich Anbauflächen für Äpfel, Birnen, Kirschen, Erdbeeren und andere Früchte aus. In Werder wird seit 1879 alljährlich das Baumblütenfest gefeiert. Damals hatte der

Die Binnenschifffahrt als tragender Pfeiler im märkischen Transport- und Verkehrssystem. Der Schiffsanlegeplatz Marienwerder liegt günstig zwischen Oder-Havel-, Werbellin- und Finow-Kanal.

Werderaner Obst- und Gartenbauverein die Idee, den Höhepunkt der Obstbaumblüte in allen Berliner Tageszeitungen anzuzeigen, um so Ausflügler anzulocken. Eine gute Bahnverbindung ermöglichte das Erlebnis der Frühlingslandschaft und den Genuss von reichlich Obstwein.

Nördlich von Werder und Potsdam, hinter Nauen, liegt das kleine Dorf Ribbeck, das den wohl berühmtesten Birnbaum der Mark beherbergte, wofür Theodor Fontanes Gedichtklassiker »Herr von Ribbeck auf Ribbeck im Havelland« die Verantwortung trägt.

In Oranienburg gründete sich 1893 die Obstbausiedlung Eden, die der Lebensreformbewegung verpflichtet ist, als erste vegetarische Siedlung in Deutschland. In den 1920er Jahren stieg sie zu einem der größten Reformwarenhersteller Deutschlands auf. Eines der bekanntesten Produkte war die Edener Pflanzenbutter.

Im Havelland findet sich auch die für das Berliner Umland charakteristische breitflächige Siedlungskonzentration, wie sie zum

Der Storkower See ist nicht nur fischreich, sondern über den Storkower Kanal auch mit den Berliner Gewässern verbunden.

Beispiel in der Achse Falkensee–Dallgow–Brieselang bis an den Ostrand der Hauptstadt heranreicht.

Prignitz und Ruppiner Land

Im Nordwesten Brandenburgs besticht der Wechsel von Laub- und Nadelwäldern, von Wiesen, Weiden und Feldern. Die Landwirte stoßen in dieser Region auf recht unterschiedliche Bodenbeschaffenheit: von leicht sandigen bis zu lehmigen Böden. Prägend für ganze Landstriche sind indes feuchte Ebenen, verbreitet auf Niedermoorgrund, die durch umfangreiche Entwässerung erst nutzbar gemacht werden mussten. Hier herrschen ausgedehnte Wiesen und Weiden vor, durchzogen von vielen wasserregulierenden Gräben und Kanälen. Der große Anteil an Grünland prädestiniert die Region für die Rinderhaltung. Nicht von ungefähr gilt sie deshalb als Milchader Brandenburgs. Der westlichste Teil Brandenburgs weist trotz Städten wie Wittenberge, Perleberg und Pritzwalk, die als regionale Märkte für die Bauern im 19. und 20. Jahrhundert ausgesprochen wichtig waren, eine dünne Besiedlung aus.

Im Ruppiner Land zwischen Dosse und oberer Havel, zwischen Rhinluch im Süden und den mecklenburgischen Seen im Norden liegt Neuruppin, die Heimatstadt Theodor Fontanes. Die Region ist auch für ihre Pferdezucht bekannt. Neustadt/Dosse ist seit dem 18. Jahrhundert Sitz des Brandenburgischen Haupt- und Landgestüts. Neustädter Pferde wurden im 19. Jahrhundert besonders für die Landwirtschaft gekauft.

Berlin – Metropole in der Provinz

Der Stoff, aus dem Berlin gemacht ist

Berlin ist aus der Mark gemacht. Anfänglich ein unbedeutender märkischer Flecken wie viele andere, vollzog sich der Aufstieg zur Residenz- und Hauptstadt allmählich. Erst Industrialisierung und Modernisierung des 19. Jahrhunderts machten aus Berlin eine Metropole. Der enorme Arbeitskräftebedarf ließ die Einwohnerzahl in die Höhe schnellen. Von 1861 bis 1910 vervierfachte sie sich von 500 000 auf zwei Millionen. 1900 hatte sich Berlin zur größten deutschen Industriestadt mit 2,71 Millionen Einwohnern entwickelt. 1920 hatte Berlin mit vier Millionen Menschen die Ausmaße einer Metropole erreicht. Außerdem war es nicht nur die größte, sondern auch eine der am schnellsten wachsenden Städte des Deutschen Reiches.

Die Sogwirkung einerseits und die Ausstrahlung der Metropole andererseits waren gewaltig – sie erfassten Boden, Materialien und Menschen. Die rasante Entwicklung der Stadt ist nur aus der Verflechtung mit dem märkischen Umland heraus zu verstehen. Die wechselseitigen Beziehungen sind vielfältig: Einerseits wurde Berlin Absatzmarkt für landwirtschaftliche und gewerbliche Produkte der Mark, andererseits brauchte Berlin die Mark als Rohstoffreservoir. Theodor Fontane stellte 1871 fest, »dass der Stadt Berlin das Material zu raschem Emporblühen beinah unmittelbar

vor die Tore gelegt« worden sei. Der Stoff, aus dem Berlin gemacht wurde, kam aus der Mark: Ziegelsteine, Mörtel, Glas, Kacheln, Holz, Gusseisen und Blech.

Die Versorgung Berlins mit Nahrungsmitteln und Baustoffen aus dem märkischen Umland erfolgte auf Kähnen, mit der Bahn und auf der Straße.

Das Straßen- und Eisenbahnnetz entwickelte sich radial um die Stadt. Berlins flächenmäßige Ausdehnung erfolgte auf Kosten der Mark. Zur Koordinierung infrastruktureller Maßnahmen, allen voran Verkehr sowie Wasser und Abwasser, kam es 1912 zur Bildung des Zweckverbandes Groß-Berlin. Das »Gesetz über die Bildung einer neuen Stadtgemeinde Berlin« von 1920 nahm Brandenburg sechs kreisfreie Städte – Lichtenberg, Schöneberg, Wilmersdorf, Charlottenburg, Neukölln und Spandau – und große Gebiete der stadtnahen Kreise Niederbarnim, Osthavelland und Teltow – die Stadtgemeinde Köpenick, 59 Landgemeinden und 27 Gutsbezirke.

Die konzentrische Flächenausdehnung der Hauptstadt schob den sogenannten Speckgürtel immer weiter ins märkische Umland hinaus. Die Märker der eingemeindeten Orte wurden Berliner. Die Provinz Brandenburg verlor rund zwei Prozent ihrer Fläche,

45 Prozent ihrer Einwohner (1,9 Millionen) und, da die eingemeindeten Gebiete zu den am besten entwickelten der Provinz gehört hatten, 68 Prozent ihrer Steuerkraft. Die märkischen Teilregionen Niederbarnim und Teltow verloren ihre gewerbestarken Randgebiete an Berlin und mussten künftig ohne hohe Steuereinnahmen als Agrarzonen ihre Zukunft meistern.

Die Neuerungen für die Mark ab 1920 waren umfassend und tiefgreifend: Erstens wurde Brandenburg infolge des Versailler Vertrags Grenzprovinz. Zweitens erfolgte die Trennung von Berlin und Brandenburg: Groß-Berlin wurde aus der Provinz Brandenburg ausgegliedert und bildete einen von der Provinz Brandenburg unabhängigen Verwaltungsbezirk und Kommunalverband. Brandenburg wurde damit ein Land ohne Mitte. Drittens wurde Berlin zulasten seines Umlandes aufgebläht. Die Größenausdehnung der Metropole raubte den betroffenen Umlandgemeinden die Zentren künftiger Entwicklung.

Das Berliner Schloss, hier um 1900 mit dem Kaiser-Wilhelm-Nationaldenkmal, das 1950 abgetragen wurde. Und von hier aus wurde auch die Vermessung der Mark vorgenommen: Der Kandelaber vor dem Berliner Schloss gilt ab 1835 als definierter Nullpunkt.

Die Beziehungen zwischen Berlin und der Mark Brandenburg im 20. Jahrhundert sind von einem scheinbaren Paradox geprägt: Einerseits war Berlin von Anfang an Teil der Mark Brandenburg, andererseits entfernte es sich von der Mark in dem Maße, in dem es sich zur Hauptstadt Deutschlands und zur politischen, ökonomischen und kulturellen Metropole von europäischer Bedeutung herausbildete. Im Zuge der rasanten Industrialisierung und Modernisierung im 19. und 20. Jahrhundert wurden die Gräben zwischen beengter Provinz und weltläufiger Metropole größer. Aber nicht trotz, sondern wegen dieser Kluft zwischen Stadt und Land interessierten sich die Menschen für die jeweils andere Lebenswelt. Märker suchten in der Hauptstadt Arbeit, Auskommen und Abenteuer. Berliner sehnten sich nach Wald, Wasser und Weite der brandenburgischen Landschaften. Damit wurde auch im 20. Jahrhundert ein Trend bedient, den Theodor Fontane schon Ende des 19. Jahrhunderts erkannte, als er meinte, die Mark sei Mode geworden.

Mark und Metropole – Stadtgüter und Stadtforsten

Bevölkerungswachstum und Stadterweiterungen führten dazu, dass Berlin sich seit den 1870er-Jahren darum bemühte, landwirtschaftliche Güter im Umland zu erwerben. Stadtgüter und Stadtforsten erlangten in den folgenden Jahren zunehmende Bedeutung, insbesondere für die Abwasserbeseitigung, aber auch für die Bewahrung von Erholungsflächen. Zugleich war die kommunale Bodenbevorratung eine Maßnahme gegen die in den Gründerjahren aufblühende Bodenspekulation. Der Stadtbaurat James Hobrecht (1825–1893) und der Arzt Rudolf Virchow (1821–1902) hatten maßgeblichen Anteil an der Errichtung eines leistungsfähigen Berliner Abwassersystems. Die Entwässerung erfolgte über eine Kanalisation, die zu sogenannten Rieselfeldern außerhalb der Stadt führte – die damals sauberste und modernste Lösung der Abwasserbeseitigung. Rieselfelder – überwiegend mit Gras und Gemüse bestellte Versickerungsflächen – dienten der Reinigung des Berliner Abwassers und der landwirtschaftlichen Nutzung.

Als erstes Rieselgut im brandenburgischen Umland erwarb die Stadt Berlin im Jahr 1874 das Rittergut Osdorf im Teltow. Zwischen 1881 und 1914 wurden weitere Güter und Bauernländereien aufgekauft, und auch die Eingemeindungen im Zuge der Bildung von Groß-Berlin 1920 erweiterten den Berliner Stadtgüterbesitz. 1928 wurde mit etwa 25 000 Hektar, davon fast die Hälfte Rieselgüter, die maximale Ausdehnung erreicht. In Betrieb genommen waren bis dahin 20 Rieselfeldbezirke rund um Berlin, vor allem im Nordosten mit den Gütern Lanke, Albertshof, Schönerlinde, Hobrechtsfelde und Birkholz und im Süden mit den Gütern Waßmannsdorf, Großbeeren, Sputendorf und Joachimshof.

Die Berliner Stadtgüter schlugen also zwei Fliegen mit einer Klappe. Zum einen brachten sie die Abwasser aus der Stadt, zum anderen steigerte die Abwasser-Verrieselung als Düngung die landwirtschaftliche Produktion und sicherte so die Versorgung der wachsenden Hauptstadt mit Frischgemüse, Obst und Milch.

Die Stadtgüter entwickelten sich zu leistungsfähigen Unternehmen, die nicht nur Landwirtschaft betrieben, sondern auch Mühlen, Molkereien, Schlachthöfe und Sägewerke errichteten. Das Stadtgut Hobrechtsfelde im Norden Berlins zum Beispiel war Mitte der 1930er-Jahre ein moderner Betrieb, der über 200 Menschen Arbeit und eigens errichtete Wohnungen bot. Er sicherte den Pflege- und Krankenhauseinrichtungen in Berlin-Buch die Versorgung mit Vorzugsmilch und Fleisch.

Nach dem Zweiten Weltkrieg änderte sich die Bewirtschaftung der Stadtgüter gravierend. Zunächst von der Sowjetarmee verwaltet und ab 1949 der DDR als Volkseigentum übergeben, wurden die Ostberliner Stadtgüter als Volkseigene Güter (VEG) geführt. Sie setzten damit Berlins Ära als »Großbauer« fort. In den 1950er-Jahren wurde die Bewirtschaftung der Rieselfelder zu teuer. Durch die Zunahme der Einwohnerzahl Berlins stiegen die Abwassermengen sprunghaft an. Große Teile der Rieselfelder wurden zu Rieselbecken, in denen permanent Wasser stand, umfunktioniert. Der Obst- und Gemüseanbau fand dadurch ein Ende.

Neben der Landwirtschaft investierte die Stadt Berlin in Wälder. Wohl durchdacht steuerte Berlin einem allgemeinen Trend entgegen: der Umwandlung von Waldgebieten zu Bau- und Ackerland. Im Jahr 1915 kaufte der Kommunale Zweckverband Groß-Berlin dem preußischen Staat 10 000 Hektar Wald aus den Förstereien Grunewald, Potsdam, Tegel, Grünau und Köpenick ab. Dieser Wald war Dauerwald, er durfte und darf von der Stadt nicht veräußert oder zu Bauland umgewandelt werden. Als 1920 der Zweckverband in die Einheitsgemeinde Groß-Berlin umgewandelt wurde, gelangten diese Dauerwälder sowie die Wälder der nunmehr eingemeindeten Vororte ebenfalls in den Besitz Berlins. Der Berliner Forstverwaltung gelang in den 1920er-Jahren weitere Waldankäufe, wie zum Beispiel der gräflich Redernschen Waldbesitzungen nördlich der Stadt bei Lanke und Prenden auf dem Barnim einschließlich des Leipnitzsees oder von 600 Hektar in Düppel. Berlin wollte seinen Bürgern die »grüne Lungen« dauerhaft sichern. Damit hatte sich Berlin zur Kommune mit dem zweitgrößten Waldbesitz im Deutschen Reich entwickelt, direkt hinter Görlitz.

Für den Grunewald kam die Maßnahme zu spät. Das einst zusammenhängende Waldgebiet zwischen Spandau und Berlin, früher Teltower Heide oder Spandauer Heide genannt, wurde bis 1900 hauptsächlich als herrschaftliches Jagdgebiet genutzt. Seit den 1880er-Jahren erfolgten Rodungen im großen Stil und verwandelten den Forst in Bau- und Ackerland – der Grunewald wurde zersplittert. Sein östlicher Teil lebt im Berliner Tiergarten als Relikt des »grünen Waldes« fort. Mit der Errichtung der Havelchaussee (1876–85), der Eröffnung des Bahnhofs Grunewald (1879) an der Wetzlarer Bahn und dem Bau der Heerstraße (1911) wurde das Gebiet infrastrukturell erschlossen. Der Grunewald wurde zum bevorzugten Naherholungs- und Siedlungsgebiet für alle Bevölkerungsschichten Berlins. Das bezeugen diverse Siedlungsprojekte, etwa die Villenkolonie Grunewald (1889) für das gehobene Bürgertum oder die Siedlung Eichkamp (1919) für Arbeiter und Beamte mit niedrigerem Einkommen. Wie beliebt der Grunewald als Ausflugsziel war, belegt auch der Maler Heinrich Zille (1858–1929) mit seiner für ihn typischen Federzeichnung »Landparthie Grunewald« oder der bis heute populäre Gassenhauer »Im Grunewald ist Holzauktion«.

LandArbeit – vom einfachen, arbeitsreichen Leben

Viehwirtschaft

Weidehaltung und Milchwirtschaft

In der Mark Brandenburg war die Weidehaltung die traditionelle Form der Viehwirtschaft. Schafe, Schweine, Ziegen und Rinder wurden vor allem in den wiesenreichen Niederungen gehalten. Gemeindehirten mit Hirtenhorn und Stöcken begleiteten die Herden. Im Havelland und im Warthebruch ließ man Vieh auf eingehegten Wiesen (Koppeln) den Sommer hindurch frei herumlaufen.

Während der Agrarkrise zu Beginn des 19. Jahrhunderts wurde die Schafhaltung zum Rettungsanker der Landwirtschaft. Schafe kommen gut mit schlechtem Futter aus, brauchen dafür aber große Flächen. Die Aufhebung des preußischen Verbots der Wollausfuhr 1809 machte entsprechende Exporte besonders nach England, wo die Textilindustrie boomte, lukrativ. Einige Gutswirtschaften schränkten daher ihre Rinderhaltung zugunsten der Schafhaltung ein. Albrecht Daniel Thaer errichtete 1816 in Frankenfelde bei Wriezen im Oderbruch eine Merinostammschäferei, wo er sich um die Veredelung der Schafrassen bemühte. Die Schäferei wurde sogar zur Hauptquelle seines Einkommens. Brandenburgische Wolle erzielte auf dem Londoner Wollmarkt jahrzehntelang Höchstpreise. 1861 gab es in der Provinz Brandenburg fast eine Million Merinos und 1,2 Millionen halbveredelte Landschafe.

Ein großer, offener Misthaufen war sprichwörtlich »der Stolz jedes Bauern«. Vor Einführung des Kunstdüngers sicherte nur der Mist die Bodenfruchtbarkeit und damit die bäuerliche Existenzgrundlage.

Doch dann nahm die Bedeutung der Schäfereien immer mehr ab, denn diese Landnutzungsart ist abhängig von Nachfrage und Wirtschaftskonjunktur. In Brandenburg selbst ergab sich ein Konflikt um die Weideflächen. Bauern wollten ihre Flächen besömmern, die Schafhirten hingegen suchten Weideland. In den 1860er-

Jahren häuften sich Nässe und Krankheiten, und viele Schafe gingen verloren. Auch wurden die ausländische Konkurrenz und die fortschreitende Verkehrstechnik im Welthandel mit Wolle spürbar, sodass die Wollpreise verfielen. Die Herden wurden reduziert, die Tiere auf eine größerer Fleischleistung umgezüchtet. Die Schafhaltung in der Mark wurde unrentabel.

Nach den Agrarreformen Anfang des 19. Jahrhunderts setzte eine Intensivierung der Landwirtschaft ein. Die Bauern besömmerten die Brachfelder mit Futterpflanzen und Hackfrüchten – die Fruchtwechselwirtschaft setzte sich in der Mark als neues Ackerbausystem durch. Das hatte zur Folge, dass die Bodenproduktivität stieg.

Die Bauern hielten außerdem verschiedenes Vieh. Das Federvieh trug zur täglichen Ernährung bei. Gänse und Hühner versorgten die Bauernfamilien mit Fleisch, Eiern und Federn. Das Sprichwort »Kleinvieh macht auch Mist« versinnbildlicht die Bedeutung und Wertschätzung der auf keinem Bauernhof fehlenden kleineren Nutztiere. Auch Schweine waren fast überall anzutreffen, Kühe hingegen vorwiegend in stadtnahen Bereichen. Letztere lieferten Milch und konnten als Zugtiere eingesetzt werden. Als »Milchtier des kleinen Mannes« galt die Ziege, die ebenfalls als Zugtier genutzt werden konnte.

Ende des 19. Jahrhunderts ging die wirtschaftliche Bedeutung der Schäferei in Brandenburg zurück. Die Herden wurden reduziert und auf größere Fleischleistung umgezüchtet.

Aus dieser Herde gesunder Färsen sollten bald gute Milchkühe werden.

Mit größer werdendem Grünland-Anteil und nach der Trockenlegung des Rhin- und des Havelländischen Luchs nahm die Rinderhaltung zu. Im Oderbruch wurde eine einträgliche Ochsenmast aufgebaut. Ein Hauptfaktor der landwirtschaftlichen Produktion in der Mark wurde die Milchviehhaltung. Durch die Einführung leistungsfähigerer Rassen aus Dänemark, der Schweiz und den Niederlanden wurde der märkische Rinderbestand aufgewertet. Schließlich dominierte das schwarzbunte Niederungsrind.

Für Butter gab es in der Mark bereits im 17. Jahrhundert eine Nachfrage. Der königliche Hof in Berlin wünschte Milchprodukte – etwa »feine Tischbutter«. Um Oranienburg nördlich von Berlin wurde die Ansiedlung von holländischen Bauern gefördert, die ihre Bewirtschaftungsformen mitbrachten – es entstanden sogenannte Holländereien. Ab dem 19. Jahrhundert war Milch für alle Bevölkerungsschichten ein Grundnahrungsmittel. 1890 wurde in Prenzlau durch den Landwirtschaftlichen Provinzialverein Brandenburg und Niederlausitz das Institut für Milchwirtschaft gegründet. 1923 siedelte es nach Oranienburg über, wo 1936 ein großzügiger Neubau entstand. Das Institut wurde 1958 die zentrale milchwirtschaftliche Forschungsstätte der DDR.

Bis Ende des 19. Jahrhunderts verarbeiteten die Bauern die leicht verderbliche Milch nach traditioneller Art und Weise auf dem Hof. Milch, Sahne, Butter, Quark und Käse waren für klein- und mittelbäuerliche Betriebe oft die Haupteinnahmequelle. Für den eigenen Bedarf wurde nur eine relativ geringe Menge verwendet. Die gesamte traditionelle Milchverarbeitung war Frauensache: Melkgeschirr, Melkschemel, Milchsatten, Milchkühler, Butterfässer, Butterformen und Quarkbänke waren das Handwerkszeug der Bäuerinnen und Mägde. Die Erfindung der Zentrifuge, der Milchschleuder, revolutionierte 1876 die Milchverarbeitung. Ihre Anwendung beschleunigte die Produktion und erhöhte die Butterausbeute. Mit dieser Neuerung wurde das jahrhundertealte Verfahren des Aufrahmens in flachen Holz- und Tongefäßen als Grundlage der Butterherstellung abgelöst.

Die Haltung großer Milchkuhherden war nur dort rentabel, wo die Milch ab Hof verkauft oder an eine nahe gelegene Molkerei geliefert werden konnte. Bäuerlichen Betrieben, die ihre Milch nicht absetzen konnten, blieb nur das Buttern. Magermilch und Buttermilch bildeten ein gesundes Eiweißfutter zur Aufzucht von

Milchwagenkolonne.

Kälbern und Ferkeln. Besonders nach dem Ersten Weltkrieg kam es verstärkt zur Einrichtung von Genossenschaftsmolkereien, was viele Bauern veranlasste, ihre Milchkuhherden zu vergrößern. Dadurch erhöhten sich die Einnahmen aus dem Milchverkauf deutlich. In der Folge konnte durchaus von einer Milchviehzone in einem Umkreis von 20 bis 30 Kilometern um Berlin und Potsdam gesprochen werden.

Ein prägnantes Beispiel für die wechselseitige Abhängigkeit von Provinz und Metropole ist das Bolle-Milchimperium. Carl Bolle (1832–1910) betrieb in Berlin-Moabit um 1900 eine der modernsten Meiereien Europas. Bolle eroberte den Berliner Milchmarkt durch sein modernes »Milchstraßen-System«. Er war kein Milcherzeuger, sondern bezog die Milch direkt von den Gütern und Milch-Sammelstellen und entwickelte ein straffes Vertriebssystem, das die Berliner täglich mit Milch und Milchprodukten belieferte. Weiße Pferde zogen Milchverkaufswagen, »Bollejungs« brachten Milch, Butter und Käse direkt in die Berliner Haushalte. Der letzte Bollewagen fuhr 1945.

Milchannahmestelle um 1940.

Feldwirtschaft

Grundlage jeder Landwirtschaft ist die Bearbeitung des Bodens. Mit Pflug und Grubber wird die Aussaat vorbereitet. Mit Egge, Walze und Hacke wurde für gute Wachstumsbedingungen von Getreide und Feldfrüchten gesorgt. Obwohl mit den Jahren fortschrittlichere Ackergeräte und Landtechnik eingesetzt wurden, blieb die Bodenbearbeitung eine aufwendige, mühselige und teilweise sehr anstrengende körperliche Arbeit. Auch mit Zugtieren war die Feldarbeit eine kräftezehrende Plackerei.

Trotz intensiverer Bodenbewirtschaftung reichte bis um die Mitte des 19. Jahrhunderts der eigene Stallmist zur Erhaltung der Bodenfruchtbarkeit noch aus. Als erste zusätzliche Düngemittel fanden Kalk, Gips, Mergel und Asche Anwendung. Erst die Erkenntnisse der jungen Agrochemie in der zweiten Hälfte des 19. Jahrhunderts ermöglichten den zunehmenden Einsatz mineralischer und synthetischer Düngemittel (Stickstoff, Kali, Phosphor, Ammoniak).

Ernte

Die Getreideernte blieb bis weit ins 20. Jahrhundert hinein schwere Handarbeit. Das Mähen erfolgte im Sommer, das Dreschen im Spätherbst und im Winter. Um das Getreide möglichst rasch einbringen zu können, mussten alle verfügbaren Arbeitskräfte anpacken. Bäuerliche Familienbetriebe setzten alle Familienmitglieder – vom Altbauern bis zu den Kindern – sowie Knechte und Mägde ein. Großbauern und Gutsbetriebe beschäftigten zusätzlich Saisonarbeitskräfte. Beim Mähen herrschte geschlechterspezifische Arbeitsteilung: Mähen mit der Sense war Männersache. Die Arbeit mit Sichel oder Sense musste zum Nach-

Kartoffelernte mit der sogenannten Kombine, der Kartoffelvollerntemaschine.

Kuheinspänner 1945 – ärmere Bauern konnten sich keine Ochsen oder Pferde als Zugtiere leisten.

schleifen am Wetzstein immer wieder unterbrochen werden. Aufnehmen, Garbenbinden und Garbenaufstellen besorgten die Frauen. Es wurde »aufgepuppt«, »aufgemandelt« oder »aufgehockt«.

Nach der Mahd kam der Drusch. Bis in die zweite Hälfte des 19. Jahrhunderts löste man die Körner mithilfe hölzerner Dreschflegel aus den Ähren. Das Dreschen war eine langwierige Prozedur und meist Männerarbeit – in der Regel Winterarbeit für mehrere Drescher. Dann wurde das Dreschgut gereinigt, zumeist durch »Worfeln« – Werfen gegen den Wind – und Sieben. Dasselbe Prinzip lag einer der ersten mechanischen Getreide-Reinigungsmaschinen zugrunde, der Korn- oder Windfege. Traditioneller Druschplatz war die Tenne in der Scheune. Der manuelle Getreidedrusch hielt sich in Brandenburg lange. Regional unterschiedlich kamen zwischen 1900 und 1930 vermehrt Dampflokomobile, welche die Dreschmaschinen antrieben, zum Einsatz. Ab den 1930er-Jahren wurden dann vielerorts Elektromotoren als Antrieb für Dreschmaschinen und Strohpressen eingesetzt. Doch ohne Handarbeit ging es auch jetzt nicht. Die Männer schnitten die Garben auf und warfen sie in die Maschinenöffnung; am Körnerauslauf mussten laufend leere Säcke angeklemmt und voll abgenommen werden. Zum Schluss wurden die prallen die Körnersäcke auf die Wagen verfrachtet.

In Brandenburg kam es im Zuge der Intensivierung des Ackerbaus im Kaiserreich zu einer kontinuierlichen Erweiterung des Hackfruchtanbaus. Der Siegeszug von Kartoffeln, Futter- und Zuckerrüben sowie Feldgemüse verlängerte die traditionelle Feldarbeitssaison bis weit in den Herbst hinein.

Nährendes Kartoffelland

Dass König Friedrich II. die Kartoffel in Brandenburg heimisch machte, ist eine Mär. Als er 1740 den preußischen Thron bestieg, waren die »Tartuffeln« in Brandenburg schon längst bekannt. Nachweislich war die Kartoffel bereits um 1650 im Lustgarten am Berliner Schloss als exotische Frucht Südamerikas angepflanzt worden. Dem Alten Fritz gebührt jedoch das Verdienst, die volkswirtschaftliche Bedeutung der Kartoffel für die Ernährung der Bevölkerung erkannt zu haben. Er verteilte Saatkartoffeln und för-

Kartoffelhäufeln in einer LPG (Landwirtschaftliche Produktionsgenossenschaft) Ende der 1950er Jahre.

Mühsame Arbeit auf den ausgedehnten Kartoffelfeldern – die Frauen legten Kartoffeln, die Männer harkten.

derte die Einführung der Kartoffel als Kulturpflanze nachdrücklich. Seine Anweisungen zu Anbau, Lagerung und Verwertung der Frucht von 1756 gingen als sogenannter Kartoffelbefehl in die Geschichte ein. Bei diesen außerordentlichen Anstrengungen dürfen die politisch-militärischen Motive nicht vergessen werden: Nach dem Siebenjährigen Krieg standen die Güter vor dem Bankrott, und eine Hungerkatastrophe drohte. Die Bauern hätten nicht produzieren können, ohne selbst zu hungern, und hätten ihre Abgabepflichten ohne nachhaltige Produktionssteigerung nicht erfüllen können. Die Kartoffelpolitik hatte Erfolg: Die Knolle wurde als Nahrungsmittel angenommen und von den Märkern »Toffel« oder »Töffelchen« und von den Uckermärkern »Nudeln« genannt.

Deutsche Agrarpioniere wie der Kartoffelexperte Carl Wilhelm Ernst Putsche und Albrecht Daniel Thaer leisteten auch entscheidende Beiträge zur Durchsetzung dieses Kartoffelkurses. Sie waren vom Wert der Kartoffel als Lebens- und Futtermittel überzeugt

Hackfruchtpflege 1920.

und empfahlen folgende Fruchtfolge: Kartoffeln – Getreide mit Klee oder Luzerne – zweijähriger Klee – Getreide – Hülsenfrüchte – Wintergetreide.

Ein Jahrhundert nach den Kartoffelbefehlen Friedrichs II., nach Abschluss der Agrarreformen, war die Kartoffel auf dem Siegeszug – sie entwickelte sich zur Leitkultur im märkischen Feldbau. Für die sandigen Böden erwies sie sich als überaus tauglich. Die Kartoffel hatte den großen Vorteil für die Grundversorgung, dass sie gegenüber Getreide das Doppelte an Kalorien erbrachte. Für die Ernährung einer Familie waren statt der bisher durchschnittlich acht Hektar nur noch zwei bis drei Hektar erforderlich. Deshalb war die Kartoffel gerade für Kleinbetriebe als Nahrungslieferant wichtig.

Aber auch die Gutswirtschaften konnten ihre Einkommen dank der Kartoffel steigern. Sie produzierten Viehfutter im großen Stil

Kartoffellese per Hand.

– Kartoffeln und Rüben sicherten das Winterfutter. Die Viehzucht ihrerseits erbrachte auch Dünger, der als Basis der Fruchtwechselwirtschaft notwendig ausgebracht werden musste. Da der Hackfruchtanbau viel Handarbeit erforderte und sowohl beim Setzen als auch beim Ernten – also im Frühjahr wie im Herbst – Arbeit verschaffte, sorgte der Kartoffelanbau für Beschäftigung auch der unterbäuerlichen Schichten und wirkte so der Landarmut entgegen.

Die Kartoffel wurde zum Hauptnahrungsmittel in Preußen – die Brot- und Kartoffelpreise galten als Barometer der politischen Zufriedenheit. Die Kartoffel konnte sogar zum politischen Faktor werden: Der Revolution von 1848 vorausgegangen waren exorbitant ansteigende Kartoffelpreise, die in Berlin zum Sturm auf Kartoffelstände und zu Hungerprotesten führten. Hundert Jahre später, als die Sowjetunion im Juni 1948 die Blockade über Berlin

Kartoffelernte und Einlagern in die Miete.

verhängte, spielte die Knolle wiederum eine zentrale Rolle. US-amerikanische Transportflugzeuge versorgten die über zwei Millionen Bewohner Westberlins aus der Luft mit Lebensmitteln. Während der elfmonatigen Blockade schafften sie Versorgungsgüter in die vom Landweg abgeschnittene Stadt. Um Gewicht zu sparen, transportierten sie anstelle von Frischkartoffeln Trockenkartoffeln, welche die Westberliner »Hundekuchen« nannten.

Als sich in den 1950er-Jahren inmitten des Kalten Krieges der Kartoffelkäfer in der DDR sprunghaft ausbreitete und über die Hälfte der landwirtschaftlichen Anbaufläche befallen war, nutzte die DDR-Regierung die Plage zu propagandistischen Zwecken. Sie behauptete, die USA hätten den »Ami- oder Colorado-Käfer« – gemeint ist der Kartoffelkäfer – gezielt als biologische Waffe zur Sabotage des Aufbaus der sozialistischen Landwirtschaft eingesetzt. In der DDR-Agrarwirtschaft der 1950er- und 1960er-Jahre spielte der Kartoffelanbau eine zentrale Rolle. Er sicherte sowohl die Grundversorgung der Bevölkerung auf dem Land und in der Hauptstadt Berlin als auch Arbeitsplätze in der LPG, sei es im Feldbau oder in den Kartoffellagerhäusern.

Ob als Speise- oder Futterkartoffel, ob für die Branntweinherstellung oder zur Stärkefabrikation – die Knolle ist vielseitig verwendbar. In Brandenburg wanderten Kartoffeln bereits Anfang des 19. Jahrhunderts in riesigen Mengen in die Brennereien. Die Kartoffel war ein preiswertes Ausgangsmaterial für die Destillation. Die Preise für Schnaps sanken erheblich – als »Rachenreißer« wurde er besonders für arme Bevölkerungsschichten fast ein Grundnahrungsmittel. Die Maische fand Verwendung als wertvolles Viehfutter. Der Kartoffelalkohol machte auch Karriere als Benzin- und Petroleumersatz und kam erst durch die sich entwickelnde Erdölindustrie zum Erliegen. Weitere Konkurrenzprodukte etablierten sich und veränderten den Markt. So führte der Wandel des Geschmacks und der Gewohnheiten dazu, Kartoffel- und Brennereiprodukte eher gering zu schätzen. Trotz aller Vorzüge der Kartoffel – der Wandel machte auch vor dem Kartoffelland Mark Brandenburg nicht halt.

Obst, Gemüse und Tabak

In geeigneten Teilen Brandenburgs – besonders im Oder- und im Havelland sowie in der Niederlausitz – entwickelte sich Anfang des

Markttag in Eberswalde um 1910.

In den Spreewalddörfern gibt es nichts, was nicht per Kahn befördert wird!

19. Jahrhunderts ein leistungsfähiger gewerblicher Obstbau. Begünstigt wurde das durch den Eisenbahnbau, der einen sicheren und schnellen Transport in die Städte, allen voran Berlin und Potsdam, erlaubte. Der Obstbauer wurde bald zum Obstzüchter, der typische Lokalsorten durch Züchtungen ergänzte und neue Anbaumethoden erprobte. Um 1900 waren zum Beispiel 250 Birnensorten präsent. Im 20. Jahrhundert kam es zur Differenzierung dieses Berufs. Viele Obstbauer agierten als kleine Familien- oder Nebenerwerbsbetriebe, andere entwickelten sich zu Großhändlern, die in großem Maßstab Obstland zupachteten und neben Freiflächen Gewächshäuser und aufwendige Bewässerungsanlagen anlegten.

Der Weinbau in der Mark hatte im 18. Jahrhundert seinen Höhepunkt erreicht. Gartenbauhistoriker gehen davon aus, dass bereits die im Mittelalter in die Mark eingewanderten Kolonisten aus Franken und dem Rheinland den Weinbau mitgebracht haben. Harte Winter, vor allem aber die verbesserte Infrastruktur, die billigen Importwein in die Mark brachte, besiegelten das Ende dieser Kultur in Brandenburg. Straßen- und Flurnamen markieren bis heute Orte einstigen Weinanbaus in der Mark. Der Weinbau wurde durch den Obst- und Gemüseanbau abgelöst.

So mag Herrn von Ribbecks Birne ausgesehen haben …

Die wohl berühmteste Birne der Mark ist jene des Herrn von Ribbeck auf Ribbeck im Havelland. Den Ribbeckschen Birnbaum gab es wirklich. Als Baum ging er 1911 verloren, als Gedicht von Theodor Fontane ist er zeitlos berühmt. Das Gedicht gehört zu den 100 Gedichten, die im 20. Jahrhundert am häufigsten in deutschsprachigen Anthologien publiziert wurden.

Fontanes Ballade erzählt vom edlen Herrn von Ribbeck auf Ribbeck, der die Birnen des Baumes in seinem Garten an vorbeikommende Kinder verschenkte. Mit den Dorfkindern sprach der Gutsherr in märkischem Platt: »Lütt Dirn, kumm man röwer, ick hebb'ne Birn.« Als der alte Ribbeck seinen Tod nahen fühlte und an den geizigen Charakters seines Sohnes dachte, schmiedete er einen listigen Plan: Er verfügte, dass ihm eine Birne mit in sein Grab gelegt werde. Sein Kalkül, dass aus dieser Birne auf seinem Grab ein neuer Baum sprieße, von dessen Früchten sich die Dorfkinder frei bedienen konnten, ging auf.

Das Birnbaum-Gedicht wirft ein Schlaglicht auf die einstigen sozialen Verhältnisse in einem märkischen Gutsdorf, in dem der Gutsherr väterlich und fürsorglich sein und ein Herz für die Not der armen Bauernkinder haben sollte.

Spreewälder Gurken

Brandenburgs Gurkenregion ist der Spreewald. Dort ist die Gurke schon seit dem 16. Jahrhundert zu Hause. Im 18. Jahrhundert erfolgte der Gurkenexport nach Berlin noch vorrangig auf dem Wasserweg – der Gurkenkahn brauchte acht lange Tage bis in die preußische Hauptstadt. Erst mit der 1844 erbauten Chaussee von Lübbenau nach Berlin konnte die Transportzeit mehr als halbiert werden. Als schließlich im Jahr 1866 die Eisenbahnstrecke eröffnet wurde, konnten die Gurken sehr viel frischer geliefert werden.

Früher wurden saure Gurken in Fässern aus Eiche und Buche eingelegt. Um sie lagerfähig zu machen, wurden sie gebrüht. Dazu wurden glühende Eisenkugeln in die mit Wasser gefüllten Fässer geworfen, und ständiges Rollen der Fässer vermied ein Durchbrennen. Im Laufe der Jahre verfeinerte sich die Gurkenveredelung. Ob traditionell im Fass eingelegt oder industriell konserviert – es existieren verschiedene Rezepturen. Gewürzkörner, Estragon, Basilikum, Zucker, Essig und die Salzlake ergeben in ihrer jewei-

Frisches direkt aus dem Kahn – Gurkenmarkt in Lübbenau.

Markttag in der Prignitzstadt Perleberg – Beispiel für eine märkische Kleinstadt mit ländlichem Einzugsbereich.

ligen Mischung den spezifischen Geschmack. Im Gefolge der Gurke, die zur Gattung der Kürbisgewächse gehört, gelangten vermehrt Rotkohl, Meerrettich und andere Agrarprodukte in den Handel.

Teltower Rübchen

Seit dem 18. Jahrhundert trugen die Teltower Bauern ihre Rüben in Handkörben nach Berlin auf den Markt. Zwar brachte der märkische Sand nur fingerlange Rüben hervor, doch die Teltower Bauern verfeinerten durch Züchtung den Geschmack ihrer Rüben. So wurden die »süßen Teltower Rübchen« über Berlin hinaus bekannt. Sogar Goethe ließ sich jährlich ein Päckchen der schmackhaften Landsorte nach Weimar schicken, ja bis nach Frankreich und Italien wurden sie als Delikatessen verkauft.

Spargel aus Beelitz

Auf dem Berliner Markt war auch der saftige Spargel aus Beelitz gefragt. Vor dem Ersten Weltkrieg wurde auf den Sanderflächen südwestlich Berlins die Spargelzucht eingeführt. Der Anbau dieses köstlichen Gemüses ist sehr arbeitsintensiv, es muss gedüngt, die Erde gehackt und das Unkraut entfernt werden. Erst vom dritten Jahr an kann der Spargel »gestochen« werden.

Tabak aus der Uckermark

Nach Brandenburg kam die Sonderkultur des Tabaks durch französische Emigranten und wurde in den 1780er-Jahren heimisch. Das erste größere Anbaugebiet lag in der Uckermark, in der Region um Schwedt, Vierraden, Angermünde und Prenzlau, später wurde Tabak auch um Spandau angebaut. Die Tabakpflanze wächst je nach Klima- und Bodenansprüchen in unterschiedlichen Sorten. Neun Wochen dauert das Heranziehen junger Tabakpflanzen in Mistbeeten. Dann erst werden sie auf gedüngte Äcker gepflanzt. Neun Wochen bleiben sie auf dem Feld, bis sie fast 1,50 Meter Höhe erreichen. Da nicht hohe Pflanzen, sondern große Blätter erwünscht sind, bricht man die Spitzen der wachsenden Tabakpflanzen aus – der Tabak wird »geköpft«. Während der Wachstumsphase muss der Boden immer wieder durch Hacken gelockert und gereinigt werden. Die Tabakernte beginnt Anfang September und heißt »Blatten«. Das Abbrechen der Blätter erledigten früher bevorzugt Frauen und Kinder. Die geernteten Blätter wurden zu Bündeln zusammengelegt und von den Feldern geholt. Auf dem Hof wurden sie auf Schnüre gezogen und in Scheunen an Stangen zum Trocknen aufgehängt. Vollsaftige Tabakblätter verlangen viel Zugluft, wenn sie trocken werden sollen. Dieser Vorgang dauerte ebenfalls neun Wochen. Wenn die Tabakblätter vollständig getrocknet waren, kamen sie in die Fabriken, wo sie nach mehrfacher Fermentation zu Pfeifentabak und Zigarren verarbeitet wur-

Tabakfeld bei Schwedt.

den. In kleinen Tabakmanufakturen und in Heimarbeit wurden die märkischen Tabakblätter teilweise mit Überseeblättern vermischt gerollt. Der Zigarrenboom machte die Provinz Brandenburg zeitweise zur zweitgrößten Tabakprovinz Deutschlands. Tabak galt als »Freund des armen Mannes«, war es doch ein arbeitsintensiver Anbau, der viel Lohnpflanzer benötigte. Selbst als der Tabak mit modernen Maschinen gepflanzt wurde, blieb die Arbeit

Die hügelige Seen- und Waldlandschaft der Uckermark bildet den »hohen Norden« der Mark. Hier der Zenssee bei Hohenlychen.

mühsam. Es galt, geschickt und schnellhändig zu sein, um die zarten Pflänzchen im richtigen Abstand in die Erde zu setzen. Der Höhepunkt des märkischen Tabakanbaus lag im 18. und 19. Jahrhundert, als das Pfeiferauchen und später die Zigarre in Mode kamen. Der brandenburgische Tabak eignete sich gut als Einlage für Zigarren.

Hauswirtschaft

»Die Bäurin, die Mägde, sie dürfen nicht ruhn; sie haben im Haus und im Garten zu tun ...« Wer kennt sie nicht, diese zweite Strophe des volkstümlichen Bauernlobliedes »Im Märzen der Bauer«. Abgesehen davon, dass der schwere Alltag auf dem Lande hier romantisiert wird, benennt das Lied die Hauswirtschaft als Frauendomäne. In der Tat waren im ländlichen Raum die Rollen von Mann und Frau traditionell festgelegt. Das Haus, der Garten und die Versorgung des Kleinviehs standen im Mittelpunkt der weiblichen Arbeitswelt: Vorratshaltung, Zubereiten von Mahlzeiten, Wäschepflege, Kindererziehung, Fürsorge im Krankheitsfall waren reine Frauensache. Bedenkt man, dass in klein- und mittelbäuerlichen Betrieben die Mitarbeit der Frauen auch auf dem Feld und beim Melken notwendig war, wird deutlich, dass gerade Bäuerinnen häufig überfordert waren.

Schlachten, Kochen, Backen – Sorgen für das tägliche Brot

Charakteristisch für den häuslichen Bereich in der Mark war die Selbstversorgung. Bis ins 19. Jahrhundert hinein existierten die einzelnen bäuerlichen Höfe weitgehend autark, Kontakte und Marktbeziehungen zur nächstgelegenen Stadt waren selten. Fast alles entstammte der eigenen Produktion. Dabei nahm die Vorratshaltung einen großen Teil der Hauswirtschaft ein.

Die Wintermonate waren die hohe Zeit des Hausschlachtens. Die Fleisch- und Wurstherstellung aus eigens zu diesem Zweck gemästeten Tieren diente dem Eigenbedarf. Hausschlachten war Arbeit und wurde mit dem »Schlachtfest« gefeiert. Konservie-

Brottransport um 1935.

rungsverfahren wie Pökeln, Räuchern und Einkochen ermöglichten die Haltbarmachung von Fleisch und Wurst und waren eine wichtige Grundlage der Vorratswirtschaft.

Häufig wurde das eigentliche Schlachten von Saisonarbeitern als Nebenerwerb durchgeführt. Erst seit Beginn des 20. Jahrhunderts sicherte ein umfassendes Fleischbeschaugesetz die Einhaltung hygienischer Vorschriften. Das Hausschlachten brachte eine Reihe typischer Gerätschaften wie Brühtröge, Kratzglocken, diverse Messer, Pökelgefäße, Fleischwolf, Wurststopfer und Schmalztöpfe hervor.

Das Zubereiten der Mahlzeiten machte nur einen geringen Teil der Küchenarbeit aus. Die Verarbeitung der Rohstoffe und das Konservieren der Lebensmittel waren weitaus aufwendiger und zeitintensiver. Fast jeder Bestandteil musste langwierig kochfertig hergerichtet werden, wobei die Jahreszeiten den Speisezettel diktierten.

Der Hausschlachtung folgt das Wursten. Das Brät ist schon in den Därmen, die Wurstringe werden zum Trocknen oder Räuchern aufbereitet.

Suppe war das Hauptgericht, Brot das Hauptnahrungsmittel. Eintöpfe waren häufig, auch schon bevor die Kartoffel zum Grundnahrungsmittel in Brandenburg avancierte. Oft stand nur eine Schüssel auf dem Tisch, aus der jedes Familienmitglied löffelte. Etwa alle zwei Wochen wurde im eigenen Backofen – wie der Herd mit Holz beheizt – Brot gebacken. Ein Haushalt mit acht bis zehn Personen musste Anfang des 20. Jahrhunderts zwölf bis achtzehn große Laibe von etwa sechs Pfund Gewicht backen.

Junge Frau mit Tragejoch bringt Essen und Getränke aufs Feld.

Bei der Nahrungsaufbereitung und Konservierung hatten die Frauen alle Hände voll zu tun: Sie räucherten Speck, Schinken, Würste und Fisch und salzten das Fleich; Schweinefleisch musste gepökelt werden. Außerdem ernteten sie Obst und Gemüse, um sie anschließend zu dörren oder einzukochen; Gurken und Weißkohl wurden gesäuert; gemahlen und gestampft wurden Gerste, Roggen und Weizen für Mehl, Hafer für grobe Flocken. Milch wurde zu Butter, Quark und Käse verarbeitet. Aus Obst wurden ferner Säfte gepresst und Mus und Sirup gekocht.

Bis ins 19. Jahrhundert hinein dominierten hölzerne Arbeitsgeräte wie Gabel, Bock, Trog, Mulde, Schöpfgefäße und Schieber. Aus Eisen waren nur Messer, Sicheln und Sensen.

Neuerungen in der Hauswirtschaft wie etwa Wasserhahn und Ausguss direkt in der Küche waren enorm hilfreich. Geradezu revolutionär für die Vorratswirtschaft war ein um 1900 eingeführtes Verfahren der Konservierung von Fleisch, Obst und Gemüse: das Einkochen ohne Alkohol in Einmachgläsern, sogenannten Weckgläsern, benannt nach dem Hersteller Johann Carl Weck (1841–1914). Bis heute spricht man deshalb vom Einwecken.

Die aufwendige Bevorratung stand und fiel mit der Lagerhaltung. Nahrungsmittel galt es vor allem vor dem Verderben zu schützen. Und was lag da näher, als auf die Naturausstattung der Mark zurückzugreifen? Noch vor dem Zweiten Weltkrieg war es in Brandenburg üblich, auf ortsnahen Feldern Eismieten anzulegen. Die Bauern und Knechte hoben Gruben aus und legten diese mit Stroh aus. Darin lagerten sie Eisblöcke, die sie aus zugefrorenen Seen geschnitten hatten. Nur mit Sand bedeckt, konnte das so in der Erde vergrabene Eis bis spät in den folgenden Sommer bewahrt und zum Kühlen benutzt werden.

Waschen, Nähen, Spinnen – mühsame Hausarbeit

Wischen und Waschen waren in Stadt und Land zeitraubende, mühsame Tätigkeiten. Es gab festgeschriebene Waschtage. Die Hausfrau oder die Magd musste Wasser im Waschkessel auf dem Holzherd erhitzen, die Wäsche darin kochen, anschließend wringen, klopfen, schlagen, reiben, bürsten und immer wieder ausspülen. Einfache Waschgeräte waren Schlaghölzer, Waschbretter, Mangeln und Bürsten. Und natürlich wurde auch Seife gebraucht. Später wurde die Wäsche auf langen Leinen aufgehängt, große weiße Stücke hat man auch auf den Wiesen ausgebreitet, um sie zu bleichen.

Der Schlachtermeister Paul Wolff posiert in den 1930er Jahren mit einem Bullen vor seiner Schlachterei. Er hatte die Wandlitzer Dorfschlachterei von seinem Vater übernommen, seine Kinder führten den Traditionsbetrieb weiter.

Frauen mit Bockspinnrädern treffen sich zu geselliger Handarbeit.

In der zweiten Hälfte des 19. Jahrhunderts existierten mechanische Wringmaschinen und Walzenmangeln. Bottich- und Trommelwaschmaschinen waren Behälter mit einfachem Getriebe und Metallkreuz darin, welche die Wäsche im heißen Wasser bewegten. Das ersetzte das früher übliche Rubbeln auf dem gewellten Waschbrett. In Brandenburg galten elektrische Waschmaschinen noch lange Zeit als Luxus. Noch 1960 verfügten nur 6,2 Prozent aller DDR-Familien über eine elektrische Waschmaschine. Von Wäschetrocknern gar nicht zu reden.

Auch galt es Kleidungsstücke zu flicken, auszubessern und umzuarbeiten – die »Wegwerfkultur« unserer Tage lag noch in weiter Ferne.

Wenn im Winter die Feldarbeit ruhte, arbeiteten die Bäuerinnen in den Spinnstuben. Arbeit und Geselligkeit fanden dann zueinander. Dann war die Zeit, Wolle und Geschichten zu spinnen. Spinnstuben sind traditionelle Orte mündlicher Überlieferung. Die erzählten Geschichten verbanden den überlieferten Volksglauben mit den tatsächlichen Erfahrungen und Erlebnis-

sen der Bauern mit der märkischen Landschaft, mit ihren Sümpfen, Seen und Steinen. Häufig treten dieselben Motive und Handlungsmuster auf und unterscheiden sich nur in regionaltypischen Details. Riesen, die weiße Frau oder versunkene Glocken finden sich in den Sagengeschichten der Schorfheide ebenso wie in Spreewalder Legenden.

Spinnräder unterscheiden sich nach ihrer senkrechten oder waagerechten Bauweise. Sitzt das Rad unterhalb von Spule und Flügel, nennt man es »Bock«, sitzt es daneben, wird es »Ziege« genannt.

Teilweise verbergen sich hinter den abergläubischen Geschichten des Landvolkes auch mythologische Überlieferungen, die vom Übergang der heidnischen zur christlichen Zeit der Mark künden. Die in den Erzählgeschichten häufig recht rabiat in Erscheinung tretenden Riesen könnten als heidnische Zauberer gedeutet werden, die in ihrem Kampf gegen die importierte christliche Religion allzu gern märkische Findlinge gegen Kirchen und Klöster werfen. Der Sage von der »Roggenmuhme«, die angeblich Kinder ins Korn lockt und dort frisst, könnte ein erzieherischer Sinn zugeschrieben werden. Vielleicht ahndet ein weiblicher Feldgeist das Verwüsten von Roggenfeldern, oder die Pädagogik des frühen 19. Jahrhunderts setzt auf drastische Abschreckung, damit die Bauernkinder nicht die Getreidehalme zertreten.

Ein Blumenstrauß aus dem Bauerngarten.

Apfelernte: Äpfel wurden gelagert, getrocknet, zu Mus und Most weiterverarbeitet – und auf dem nächsten Markt frisch verkauft.

Gärten der Mark – vom herrschaftlichen Lustgarten zum bäuerlichen Nutzgarten

Auf dem Lande gab es mehrere Arten von Gärten: die Ziergärten der Grund- und Gutsherren, die entsprechend der jeweiligen Gartenmode französisch oder englisch gestaltet wurden; die Pfarrgärten, die nicht nur der Versorgung der Pfarrersfamilie, sondern auch als Versammlungsort dienten; und die Küchengärten mit Gemüse, Obst, Gewürz- und Heilpflanzen, die, wenn sie gutsherrlich waren, von ausgebildeten Gärtnern gepflegt wurden, oder wenn es Bauerngärten waren, unter Versorgungsgesichtspunkten angelegt waren.

In Bauerngärten wurde alles gepflanzt, was nicht feldmäßig angebaut wurde und besonderer Pflege bedurfte. Die gängigsten Gartengemüse in Brandenburg sind Erbsen, Bohnen und Tomaten. Als eine der ältesten Kulturpflanzen ist die Erbse in verschiedenen Formen vertreten. Die Erbsenhülsen werden in Brandenburg Schoten genannt, obwohl sie botanisch betrachtet keine Schoten sind. Bohnen wurden früher ausnahmslos als Stangengemüse kultiviert, erst Mitte des 18. Jahrhunderts setzen sich die nicht windenden und niedrig wachsenden Buschbohnen durch.

In jedem Nutzgarten wurden Tomaten gezogen. Ursprünglich war dieses Nachtschattengewächs in der Mark eine reine Zierpflanze, die erst gegen Ende des 19. Jahrhunderts als essbar erkannt und dann als Fruchtgemüse verwendet wurde.

Durchgesetzt haben sich in märkischen Gärten darüber hinaus anspruchslose Blattgemüse wie Porree und Spinat, Wurzelgemüse wie Sellerie, Schwarzwurzel, Rüben und Rettich, sowie Salatpflanzen wie Kopf- und Pflücksalat. Die Bauern waren durch die Feldarbeit und die zeitintensive Betreuung der Viehbestände derart in Anspruch genommen, dass für die Pflege der Bauerngärten nur wenig Zeit blieb.

In den märkischen Bauerngärten spielten »Kraut und Rüben« die größte Rolle, besonders die Kohlsorten Weiß- und Rotkraut. Da diese einen nährstoff- und humusreichen Boden brauchen, legte man vielerorts an geeigneten Stellen in Dorfnähe Kraut- und Kohlgärten an. In der Prignitz nannte man sie »Kohldämme«. Als Kochgemüse wurden in der Mark Wurzelgemüse wie Mangold, Rote Bete und Sellerie genutzt. In keinem Bauerngarten fehlte die Garten-Mohrrübe, die bevorzugt als rote Sorte mit langer, dicker Hauptwurzel (Karotte) angebaut wurde. Gelbe Mohrrüben wurden meist nur als Viehfutter gezogen, daher der Name »Pferdemöhre«.

Der eigene Obst- und Gemüsegarten war meist die einzige Vitaminquelle.

Bauer, Gutsarbeiter, Dorfhandwerker – ländliche Berufe

Der Wandel in der Landwirtschaft im 19. und 20. Jahrhundert ist tiefgreifend und mit den Stichworten Mechanisierung, Elektrifizierung, Industrialisierung und Professionalisierung zu beschreiben. Doch die bäuerliche Arbeits- und Wirtschaftsweise wandelte sich nicht erst mit dem Einzug moderner Landtechnik. Messen und Wiegen zum Beispiel sind seit alters unverzichtbare Bestandteile ländlichen Wirtschaftens. Ob bei der Erfüllung von Ablieferungspflichten, beim Abmessen von Naturalien und Deputaten oder beim Verkauf landwirtschaftlicher Erzeugnisse auf dem Markt – Geräte zum Messen und Wiegen wurden in vielfältiger Weise benötigt.

Ein Weidenkorb entsteht: Die Arbeit beginnt mit dem Boden, danach werden die Ruten gebogen, und die Wand wird nach oben geflochten.

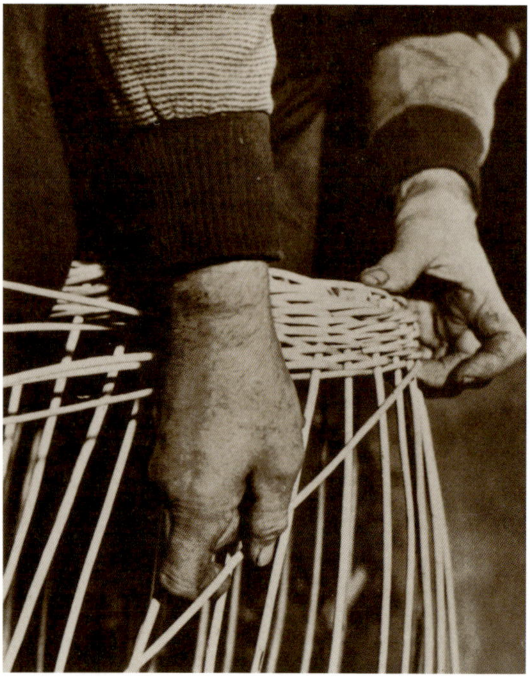

Kiepen, Körbe, Kober – Trage- und Transportbehältnisse

Die Mark kannte diverse Tragevorrichtungen für den Transport von Heu, Holz, Kienäpfeln, Feldfrüchten, Obst, Gemüse und Grünfutter. Die Kiepe war meist aus Weidenruten geflochten, mit Tragegurten ausgestattet oder mit Henkel versehen, sodass sie von einer oder zwei Personen getragen werden konnte. Der Kober – in Ehm Welks *Heiden von Kummerow* »Kalit« genannt – war ein aus Spänen geflochtener Esskorb aus zwei übereinander zu stülpenden Teilen, der für die Essenversorgung auf dem Feld verwendet wurde. Korbwaren wurden nicht nur von Korbmachern hergestellt, sondern zum Teil als Winterarbeit auch von den Bauern selbst gefertigt. Korbflechten wurde in der Mark auch als Notstandsarbeit in Krisenzeiten praktiziert. Vielfach zogen wandernde Korbmacher und Korbhausierer von Dorf zu Dorf.

Dorfhandwerker

Das Dorfhandwerk stand in enger Beziehung zur Landwirtschaft, denn die Bauern gehörten zu den wichtigsten Auftraggebern der Handwerker. Typische Vertreter des dörflichen Handwerks waren der Schmied, der Stellmacher, der Böttcher und der Zimmermann. Holz und Eisen waren für die wichtigsten Werkstoffe, aus denen sie landwirtschaftliche Arbeitsgeräte, Transportmittel und Gebrauchsgegenstände für Haus und Hof herstellten.
Der Böttcher baute aus Längshölzern (Dauben), die in ihre typische gewölbte Form gebogen und mit Reifen zusammengehalten wurden, Bottiche, Fässer, Eimer und andere Behälter. Sie fanden in vielfältiger Weise in der bäuerlichen Haus-, Hof- und Feldwirtschaft Verwendung. Kompliziertere Arbeitsgeräte wie Wagen, Karren, Schlitten, Pflüge und andere erforderten das arbeitsteilige Zusammenwirken von Stellmacher und Schmied. Der Schmied musste in Brandenburg seit 1885 spezielle Befähigungen für den Hufschlag nachweisen.

Der Korbmacher bereitet mitten in seinem Hof Reisigbündel.

Ob Pflügen und Grubbern, Eggen und Walzen, Säen und Ernten – traditionelle Gerätschaften in der Landwirtschaft wurden durch moderne, leistungsfähigere und fabrikmäßig hergestellte ersetzt. Dadurch veränderte sich auch das Berufsbild von Stellmacher und Schmied. Die Dorfschmieden konzentrierten sich mehr und mehr auf die Reparatur. Sie wurden zu Schlossereien. Um 1925 gab es in Berlin 130, in Brandenburg 100 Landmaschinenfabriken und den entsprechenden Landmaschinenhandel. In vielen Orten der Provinz produzierten und reparierten mittlere und kleine Betriebe Landmaschinen.

Der »Mollenhauer« bei der Arbeit: Eine Molle oder Mulde ist ein flaches Gefäß, das als Futter , Back- oder Schlachttrog genutzt wurde.

Ein guter Radmacher beherrschte komplizierte Techniken. Oft war er auch der dörfliche Wagner, der alle hölzernen Fuhrwerke von der Schubkarre bis zum großen Pferdewagen bauen konnte.

Die Professionalisierung in der Landwirtschaft

In dem Maße, in dem die Mechanisierung Einzug hielt und der Anteil der eigenhändigen Mitwirkung des Bauern geringer wurde, stieg der Organisations- und Planungsbedarf wie auch die Notwendigkeit fachlicher Fortbildung – der Bauer im 20. Jahrhundert sah sich vor anderen Herausforderungen als seine Vorgänger. Landwirt war noch kein Lehrberuf, und zusätzliches Wissen erlangte man entweder aus den mündlichen Überlieferungen oder aus der risikoreichen Praxis von Versuch und Irrtum. Der Wille, dem mageren Boden Brandenburgs optimale Ernten abzuringen und Verbesserungen herbeizuführen, wuchs und mit ihm ein Markt für die landwirtschaftliche Aus- und Weiterbildung in Form von Büchern und Zeitschriften sowie Winterschulen. 1854 und wenig später entstanden dank privater Initiative Ackerbauschulen in Dahme, in Fürstenwalde, in Calau und bei Wriezen. Sie erhielten allerdings staatliche Zuschüsse, um eine unentgeltliche Ausbildung von Bauern- und Landarbeiterkindern zu ermögli-

Der Sattler repariert ein Geschirr.

Dreschmaschine im Einsatz, Ende der 1940er Jahre.

*Albrecht Daniel Thaer, *1752 in Celle; † 1828 auf Gut Möglin bei Wriezen*

chen. Albrecht Daniel Thaer gehörte zu den herausragenden Persönlichkeiten, welche die märkische Agrarwirtschaft in Theorie und Praxis voranbrachten und weit über Brandenburg hinaus wirkten. Als Agrarpionier entwickelte er in Möglin bei Wriezen ein Mustergut und gründete bereits im Jahr 1804 eine landwirtschaftliche Lehranstalt, die Landwirtschaftliche Akademie Möglin (ab 1819 »Königlich-Preußische Akademie des Landbaus«).

Neue Erkenntnisse und Fortschritte in Düngung, Landtechnik, Pflanzen- und Tierzucht ermöglichten eine Steigerung der Erträge um ein Vielfaches.

In Petkus im Niederen Fläming wurde 1890 eine robuste und ertragreiche Roggenart gezüchtet, die den sandigen Böden der Mark optimal angepasst war. Vom »Petkuser Roggen« des Ferdinand von Lochow (1849–1924) stammen fast alle deutschen Roggensorten ab. In Potsdam-Bornim entstand 1927 das Zentrum für Agrartechnik, das sich der Entwicklung angepasster Landtechnik widmete. In Müncheberg etablierte sich 1928 das »Kaiser-Wilhelm-Institut für Züchtungsforschung«, das später ab 1952 in der DDR als außeruniversitäres Institut für Acker- und Pflanzenbau den guten Ruf märkischer Agrarwissenschaften fortsetzte.

Von der Muskelkraft zur Motorkraft

Die Deutsche Landwirtschafts-Gesellschaft (DLG), 1885 in Berlin von dem Ingenieur und Schriftsteller Max Eyth (1836–1906) gegründet, wählte als Logo ein Zeichen von hoher Symbolik: Ein Bauer pflügt mit einem Ochsengespann und schwingt seine Peitsche in der Weise, dass sich die DLG-Initialen bilden. Nicht zufällig wurde diese Wahl getroffen – schon immer galt es, die mühselige Plackerei auf dem Feld durch Hilfsmittel zu erleichtern.

Vor der Mechanisierung der Landwirtschaft musste auf die reine Muskelkraft von Menschen und Zugtieren zurückgegriffen werden. Heu- und Ackerwagen wurden von Pferden, Ochsen oder Kuhgespannen gezogen, je nach Wohlstand des Bauern. Ochsen erbrachten bei der Bodenbearbeitung eine außerordentliche Zugleistung – beim Pflügen zum Beispiel konnte mit einem Ochsengespann der Boden tiefer gewendet werden. Nicht jeder konnte sich Ochsen leisten. Ärmere Bauern schirrten ihre Kühe an, was sich jedoch negativ auf die Milch-

Roggenernte mit Ableger im Jahr 1934.

Kettenschlepper bei der Herbstbestellung.

leistung auswirkte. Sehr arme Landwirte setzten ihre Ziege – die »Kuh des kleinen Mannes« – ein, manche griffen sogar auf ihren Hund zurück. Zum Anspannen der Pferde wurden vom Sattler gefertigte Kummet- und Sielengeschirre verwendet. Bei der Rinderanspannung fand das Joch, später auch das Kummet Verwendung. Die Zugpferde wie auch die Zugrinder wurden vom Schmied mit Hufeisen beschlagen. Das Großvieh war der kostbarste Besitz des Einzelbauern, ihm galt daher alle Aufmerksamkeit und Sorge, besonders beim Füttern, bei der Pflege oder der Behandlung von Krankheiten.

Bereits im 19. Jahrhundert wurden Geräte wie Göpel- oder Rosswerk, Stiften- oder Breitdrescher und Getreideklapper eingesetzt. Sie erleichterten die mühsame Feldarbeit, und auch kleinere Bauern-

Roggenernte mit Mähbinder im Jahr 1954.

Traktor: Pionier

höfe nutzen sie. Als im Laufe des Jahrhunderts der Einsatz von Sä-, Mäh- und Göpeldreschmaschinen zunahm, wuchs der Bedarf an kräftigen Arbeitspferden. Diese waren zudem schneller als andere Zugtiere, was beim Eggen besonders wertvoll war. Denn dadurch wurden die Erdbrocken besser und das Unkraut vollständig ausgerissen.

Die ersten Dreschmaschinen Anfang des 20. Jahrhunderts wurden meist über Transmissionsriemen durch eine fahrbare Dampfmaschine, das Lokomobil, angetrieben. Diese schwerfälligen Ungetüme kamen entweder stationär an Feldrändern oder fest installiert in der Scheune, auf dem Hof oder einem speziellen Dreschplatz zum Einsatz. Mobilität brachte die Erfindung des Elektromotors, was durch die konsequente Elektrifizierung Brandenburgs möglich war. Sie konnten in Kombination mit der Kraftübertragung durch Transmissionen als dezentraler und unabhängiger Antrieb für Maschinen aller Art genutzt werden. Elektromotoren trieben zunehmend die Dreschmaschinen an, bis ab 1955 Mähdrescher eingeführt wurden.

Eine weitere technologische Neuerung von radikaler Wirkung war der Traktor. Ab Anfang der 1920er-Jahre stand diese universelle Zug- und Antriebsmaschine in Brandenburg zur Verfügung. Der Lanz-Bulldog war einer der ersten Ackerschlepper. Durch die Verkaufsbezeichnung dieses Traktors der deutschen Firma Heinrich Lanz AG prägte sich der Name »Bulldog« als umgangssprachliche Bezeichnung für Ackerschlepper ein. Bulldogs waren bei den Landwirten beliebt, weil sie zuverlässig und robust waren, mit billigem Rohöl betrieben und von jedem einfachen Dorfschmied gewartet werden konnten. Obwohl die Mitte der 1920er-Jahre entwickelten Dieselschlepper ihnen in Zugleistung, Verbrauch und Technologie überlegen waren, wurden Bulldogs noch bis 1960 mit ständig verbesserten Antriebssystemen produziert.

Trotz Maschineneinsatz beim Dreschen wurden viele Arbeitskräfte gebraucht.

Kartoffelhäufeln mit Traktor Famulus und sogenanntem Vielfachgerät, 1959/60.

In dem Maße, in dem sich Zugmittel und Antriebsmaschinen von der Muskelkraft über die Dampfkraft und den Elektromotor bis zum Traktor entwickelten, existierte seit Mitte der 1920er-Jahre eine Vielzahl von Anbau- und Anhängergeräten: Mähbinder, Mehrscharpflüge, Fräsen, luftbereifte Kastenwagen. Trotzdem kamen die neuen Maschinen und Gerätschaften in Brandenburg bis Mitte der 1930er-Jahre nicht massenhaft zum Einsatz. Sie waren recht kostspielig, sodass meist nur Gutsbesitzer und Großbauern sie sich leisten konnten. Den märkischen Gutsbetrieben kam dabei eine Vorreiterfunktion zu. Sie waren die Ersten, die sich als kapitalkräftige Agrarunternehmen die teure moderne Landtechnik zulegten und aufgrund ihrer Betriebsgröße auch rentabel nutzen konnten.

Eine umfassende Mechanisierung auch kleinbäuerlicher Wirtschaften setzte erst nach dem Zweiten Weltkrieg ein. Ältere Arbeitsformen blieben in großem Umfange bis weit ins 20. Jahrhundert hinein erhalten. Solange Arbeitskräfte billig waren, wurden einfache Geräte wie Sensen, Hacken und Dreschflegel weiterhin

Eggen in der Zeit um 1960.

genutzt, und besonders bei der Kartoffelernte mussten auch Frauen und Kinder hinter dem Schleuderroder per Hand Kartoffeln sammeln.

Nach dem Zweiten Weltkriege vollzog sich die Entwicklung der Landtechnik in Brandenburg unter völlig veränderten Bedingungen. In der Sowjetischen Besatzungszone und späteren DDR wurden Maschinenhöfe gebildet, zunächst als Maschinen-Ausleih-Stationen (MAS), ab 1953 als Maschinen-Traktoren-Stationen (MTS). Als staatlich geleitete Organisationen regelten sie im Rahmen der beginnenden Planwirtschaft den Maschineneinsatz bei Neu- und Kleinbauern sowie ab 1952 vor allem in den LPGs. Die Benachteiligung der selbstständig wirtschaftenden Bauern bei der Technikausleihe war politisch gewollt. Während diese mit der herkömmlichen Technik arbeiten mussten, für die es weder Ersatzteile noch

Der LPG-Mähdrescher E 175 ist startklar zur Ernte!

Zubehör gab, sollten die LPG ihre Überlegenheit gegenüber dem einzelbäuerlichen Betrieb beweisen.

Die Maschinenhöfe fassten anfänglich die Geräte und Maschinen enteigneter Betriebe zusammen. Zur Aufstockung des völlig unzureichenden Technikbestandes lieferte die Sowjetunion 1949 in einer propagandistisch aufgemachten Großaktion 1000 Traktoren und 540 Lastkraftwagen an die MAS. Eine eigene Landtechnikproduktion in der DDR konnte nur zögerlich aufgebaut werden. Es fehlten Roh- und Brennstoffe sowie entsprechende Produktionsstätten. In Brandenburg/Havel wurden 1949 auf dem Gelände der ehemaligen Brennabor AG die Volkseigenen »Brandenburger Traktorenwerke« (BTW) gegründet. Dort wurde ein leichter Radtraktor, der »RS 03/30 Aktivist«, produziert. Fast 4000 Schlepper kamen auf den Markt, ehe die Produktion 1952 wegen Konstruktions- und Fertigungsmängeln eingestellt wurde. Nach der planwirtschaftlichen Zentralisierung aller Schlepperwerke in der DDR 1955 wurden Großmaschinen gebaut. Auf den großen Flächen der LPG kamen seit Anfang der 1950er-Jahre Mähdrescher und ab 1958 erste Vollerntemaschinen für Kartoffeln und Zuckerrüben zum Einsatz und prägten künftig das Bild der ostdeutschen Landwirtschaft. Nach Abschluss der Kollektivierung der Landwirtschaft in der DDR 1960 wurden die Maschinenparks der MTS in die LPG überführt. Inzwischen war auch die wirtschaftliche Basis der DDR so eigenständig, dass eine moderne Landmaschinenproduktion etabliert war.

Traktor mit Holzgasgenerator beim Pflügen, um 1940.

Licht kommt aufs Land

Wegbereitend für den Einsatz von Landtechnik war die fortschreitende Elektrifizierung Brandenburgs. Die Braunkohle für märkische Städte und Dörfer, für Industrie- und Landwirtschaftsbetriebe kam aus der Niederlausitz. Die Gruben der Gegend um Senftenberg und Spremberg sowie die Spree als natürliche Kuhlwasserressource ermöglichten 1915 den Aufbau eines ersten Großkraftwerks in Trattendorf. Die Elektrowerke AG übernahm 1919 das Großkraftwerk, lieferte seit 1921 Strom bis in die Hauptstadt Berlin und stellte ab 1926 einen Netzverbund nach Schlesien her. Bis April 1945 wurde ununterbrochen und zuverlässig Strom produziert, danach unterlag das Großkraftwerk der völligen Demontage durch die sowjetische Militäradministration im Zuge der Reparation.

Seit 1920 wurden in Brandenburg Dörfer und Einzelhöfe durch die Märkischen Elektrizitätswerke (MEW) ans Stromnetz angeschlossen. Hauptaktionär der MEW war der Provinzialverband Brandenburg. Die Energiepolitik der MEW verstand die flächendeckende Elektrizitätsversorgung der Gemeinden als öffentliche Daseinsvorsorge und entwickelte die vernetzte Verbundwirtschaft. Die Petroleumlampe hatte ausgedient – Haus, Scheune, Hof und Stall erhielten elektrische Beleuchtung. Dadurch wurden viele bäuerlichen Arbeiten erleichtert. Allein schon durch das jederzeit verfügbare Licht änderte sich der bäuerliche Arbeitsrhythmus.

LandLeben – zwischen Tradition und Veränderung

Das Dorf als Lebenswelt

Das Leben auf dem Land war nur im Miteinander möglich. Es war abhängig von der Dorfgemeinschaft. Die Menschen waren – ob sie wollten oder nicht – aufeinander angewiesen. In der Mark Brandenburg und anderswo war bäuerliches Überleben jahrhundertelang ohne familiäres Zusammenwirken, ohne generationsübergreifendes Denken, ohne feste jahres- oder tageszeitliche Arbeitsrhythmen und ohne nachbarschaftlich-kooperative Regelsysteme praktisch unmöglich. Trotzdem: Selten funktionierte das Dorf als soziales und ökonomisches Netzwerk reibungslos. Konflikte in der Familie, zwischen den Generationen und innerhalb der Dorfgemeinschaft waren zahlreich und überlagert von den heutzutage kaum mehr nachvollziehbaren Rhythmen mühevoller körperlicher Arbeit.

Einen fundamentalen Wandel der Welt des märkischen Bauern hatten die preußischen Agrarreformen im frühen 19. Jahrhundert bewirkt – einen vergleichbar gravierenden Einschnitt vollzog die sozialistische Agrarpolitik der DDR nach dem Zweiten Weltkrieg.

Feste im bäuerlichen Jahreskreis

Den Märkern wird allgemein wenig Sinn für Geselligkeit nachgesagt. Das Leben in den märkischen Dörfern war eng mit der Natur verbunden, und nicht nur die bäuerliche Arbeit wurde von den Jahreszeiten bestimmt, sondern auch das Ruhen und Feiern.

Spielfreude mit Schaukelpferd und Dreirad in den 1950er Jahren auf dem Dorf.

Gemäß der alten Volksweise spannt der Bauer im Märzen die Rösslein ein, um mit der Bodenvorbereitung sein umfangreiches

Ein typisches märkisches Erntefest mit Erntekrone, Umzug und Musik, 1930 in Klosterfelde, Niederbarnim.

Jahreswerk zu beginnen. Den Auftakt im jährlichen Festreigen bildeten die Osterfeuer. Fast jedes Dorf zelebrierte sein eigenes Osterfeuer auf einem Acker in der Nähe des Ortes; in der Nacht zum Ostersonntag wurde es entzündet und sollte symbolisch den Winter vertreiben. Die Osterfeuer waren in gewisser Hinsicht ein Pendant zum christlichen Osterfest. Als die Reformation im 16. Jahrhundert fast die gesamte Mark protestantisch machte, blieben die Sorben (Wenden) der Mark mehrheitlich katholisch. Sie feierten Ostern als eines der großen christlichen Feste im Stile ihres eigenen Jahresbrauchtums, in dem den Ostereiern eine besondere Bedeutung zukommt. In den sorbischen Gegenden des südlichen Brandenburgs entwickelte sich das Ver-

zieren von Ostereiern in unterschiedlichen Techniken zu einer speziellen Kunst.
Ein weiteres bäuerliches Brauchtum, das freudige Abwechslung ins märkische Dorf brachte, war, am 1. Mai in der Ortsmitte eine junge Birke aufzustellen und mit einem Fest den neu beginnenden Reigen von Saat und Ernte zu feiern. Es musste eine Birke sein. Als Symbol der Fruchtbarkeit wurde ihr Stamm von der Rinde befreit, damit sich nicht nach altem Aberglauben böse Geister und Krankheiten für Mensch und Tier zwischen Stamm und Rinde verstecken konnten. Mancherorts avancierte der Maienbaum zum Identitätssymbol des gesamten Dorfes. Aus Angst vor Anschlägen meist Jugendlicher aus den Nachbardörfern wurde der Maibaum bewacht, um ihn zu schützen und die Ehre des Dorfes zu wahren.

Neben dem Aufstellen des Maibaums wurde es üblich, sogenannte Pfingstmaien als Hofschmuck zu verwenden. Dabei handelte es sich meist um geschmückte kleine Birkenständer – oder einen Bund von Birkenzweigen –, die in der Nacht zu Pfingstsonntag als Zeichen der Zuneigung vor Haus und Hof gestellt oder an Fensterläden und Dächern befestigt wurden. »Maienstecken« war ein eigenes Zeichensystem der Dorfgemeinschaft und darüber hinaus ein nicht unbedeutendes Mittel sozialer Kontrolle. Symbolisch konnte sichtbar gemacht werden, wer welches Ansehen im Dorf hatte. Viele geschmückte Maien an Haus und Hof standen für Lob, verdorrte Birkenzweige hingegen wurden als öffentliche Maßregelung verstanden.

Die Feier des 1. Mai als bäuerliches Fest auf dem Lande fand im 19. Jahrhundert im Zeitalter der Industrialisierung ein städtisches Pendant. Der Tag wurde seit 1889 von der Arbeiterbewegung als Demonstrationstag genutzt, um für verkürzte Arbeitszeiten und gerechten Lohn zu kämpfen. Im Jahre 1919 wurde er in Deutschland zum gesetzlichen Feiertag und dadurch zu einem politisch entschärften freien Tag. Als Anlass für geselliges Beisammensein gewann die Maibaumaufstellung im 20. Jahrhundert in den märkischen Dörfern an Beliebtheit. Für die Städter, allen voran die Berliner, bürgerte sich das gemeinsame Wandern ins Grüne ein. Eine stärkere Politisierung erfuhr das Maibaumfest unter den Nationalsozialisten. Sie riefen den 1. Mai zum »Volksfeiertag« aus und nutzten ihn als Propagandainstrument. Die DDR-Regierung setzte die politische Traditionslinie der 1.-Mai-Feiern unter anderen politischen Vorzeichen fort. Der Gedanke, den 1. Mai in seiner ursprünglichen Form zu feiern, ließ sich jedoch nicht beseitigen.

Das Hauptfest im Kreislauf des ländlichen Lebens ist seit dem 19. Jahrhundert das Erntefest. Es findet erst nach Einbringung der gesamten Ernte statt. Für die Uckermark, den Barnim und das Oderbruch sind Bräuche um die letzte Garbe verbürgt. Bei der Ernte blieben die letzten Garben auf dem Feld stehen, und daraus banden die Mädchen und Frauen eine bändergeschmückte Strohfigur, den »Garbenmann«, den die Bauernburschen mit einem Wagen abholten und auf dem Tanzplatz postierten. Oder die Mädchen banden einen Kranz und spielten damit ein »Greifenspiel«. Der Kranz ersetzte dabei den früher wohl üblicherweise vom Gutsherrn für die Knechte und Mägde gestifteten Hahn, den diese ergreifen mussten. Im Spreewald hieß es am letzten Erntetag: »Heute ist Hahntag«, und es wurde ein Tanzfest gefeiert.

Im Mittelpunkt des Erntefestes stand der große Erntekranz. In manchen Dörfern wurde mit vier oder sechs nach oben zur Mitte gebundenen Getreideähren eine Erntekrone gebunden und mit Blumen und bunten Bändern verziert. Kronenknecht und Kronenmädchen überbrachten die Erntekrone dem Gutsherrn. Ein Erntelied und eine kirchliche Segnung gehörten zum Übergabezeremoniell. Tanz und ein Essen, das die Herrschaft spendierte, beschlossen das Erntefest. Nach dem Ende der Gutsherrschaft und mit der aufkommenden Landtechnik in der Zeit der Weimarer Republik feierten die Menschen statt auf dem Gutshof nun im Dorfzentrum. Erst in den 1960er-Jahren, nach Verkündung der sogenannten »Vollgenossenschaftlichung«, fanden Erntefestumzüge in Brandenburg so gut wie nicht mehr statt – die Tradition des Erntefestes mit Gottesdienst passte nicht zur verordneten sozialistischen Agrarpolitik der DDR.

Für den märkischen Bauern war der Jahreslauf zu Ende, wenn er seine Korn- und Hackfrüchte geborgen, die Wintersaat ausge-

Feierlichkeiten zur Jahrhundertfeier 1900 in Eberswalde, Oberbarnim.

sät und für den Winter eingeschlachtet hatte. Weihnachten ist erst im Laufe der Zeit auf drei Tage verengt worden. Früher wurden noch die »Zwölften« gefeiert. Die zwölf Raunächte vom 25. Dezember bis Dreikönig am 6. Januar sind ein Überbleibsel vorchristlicher Bräuche: In dieser Zeitspanne soll der Himmel weit geöffnet sein, sodass man die verstorbenen Seelen herumgeistern sieht. Während der »Zwölften« galt es sich in jeder Weise zu schützen, denn in dieser Zeit der »Unruhe« ging angeblich der wilde Jäger oder Schimmelreiter mit seinem Totenheer mit Weihnachts- und Klapperböcken um. Räucherungen sollten Schutz gewähren getreu dem Volksglauben: »Was brennende Flamme nicht vernichte, die leuchtende nicht verscheucht, das vertreibt ganz gewiss der Rauch.« Auch Lichterstellen sollten Schaden fernhalten. Selbst das Vieh bekam außer dem Räuchersegen an vielen Orten sein eigenes Weihnachtslicht. Die schönste Verwendung findet bis heute das Weihnachtslicht am Lichterbaum.

Von Familienfeiern und Vereinsfesten

Neben den durch den natürlichen Jahreslauf diktierten Festen gab es die Feiern im Lebenslauf eines jeden: Geburt, Hochzeit und Tod. Das größte und schönste der bäuerlichen Familienfeste war die Hochzeit. Traditionell wurden Hochzeiten am Freitag gefeiert, weil

Selbst die kalte Jahreszeit bietet im wasserreichen Brandenburg eine Fülle von Freizeitvergnügen!

Anfang des 20. Jahrhunderts kam es in ganz Brandenburg zur Gründung von freiwilligen Feuerwehren. Neben der Brandbekämpfung leisteten sie einen bedeutenden Beitrag zur dörflichen Geselligkeit.

das Fest drei Tag lang währte. Bei großen Bauernhochzeiten waren nicht selten 120 Personen geladen. Ärmere Dorfbewohner feierten am Sonntag, ihrem einzigen freien Tag. Besonders in der Uckermark, im Oderbruch und in Teilen des Barnim bediente man sich des sogenannten Hochzeitsbitters. »Umbitten« hieß, von Haus zu Haus durch das märkische Dorf zu gehen und alle form- und fristgerecht zur Hochzeit einzuladen. Das Hochzeithaus war das Brauthaus, das mit Eichenlaub und Kränzen geschmückt wurde. Dort fand am Vorabend der Hochzeit auch der Polterabend statt. Die Gäste warfen Steingut und Porzellan an das Hoftor, um böse Geister zu vertreiben. Keinesfalls durfte Glas zerschlagen werden, denn dies galt als Unglückssymbol. Die Scherben mussten vom Brautpaar gemeinsam zusammengekehrt werden. Am Hochzeitstag fand die Trauung in der Kirche statt. Anschließend ging es ins Hochzeitshaus zum Fest, wo bis spät in die Nacht »der Kranz abgetanzt« wurde. Es war Pflicht des Brautvaters, die Gäste zu bewirten.

Jedes märkische Dorf hatte im Ersten Weltkrieg Opfer zu beklagen. Das Kriegerdenkmal in Frauenhagen, Uckermark, wurde 1928 errichtet.

Die Verpflegung der Hochzeitgäste spielte eine zentrale Rolle, bot sie doch Gelegenheit, Wohlhabenheit, Freigebigkeit und Gastfreundschaft des Brautvaters vor Augen zu führen. Häufig wurde aus mehreren Zentnern Mehl Kuchen gebacken, wurden einige Zentner Fische besorgt und Ochsen geschlachtet. Am Hochzeitstag selbst bestand das Essen aus mehr als fünf Gerichten, Käse und Butter nicht eingerechnet. An Getränken wurden »blanker«, das heißt weißer, und roter Landwein sowie Bier gereicht. Bevor es Sitte wurde, den Pastor und den Lehrer zur Hochzeitsfeier einzuladen, wurde beiden eine »Brautsuppe« überbracht. Bekannt ist die altmärkische Hochzeitssuppe, eine klare Bouillon mit Hackklößchen, Eierstich und Spargel.

Mit der Gründung des Deutschen Kaiserreichs 1871 wurden märkische Dörfer zu politischen Landgemeinden, in denen sich unterschiedliche Gruppen gegenüberstanden: Bauern, Landarbeiter, Handwerker, Vertreter neuer, nicht-landwirtschaftlicher Berufe im Dorf und Pendler, die während der Woche in der Stadt arbeiteten. Die soziale Differenzierung der Dorfbevölkerung hatte auch Auswirkungen auf das Zusammenleben. Individualismus und Rückzug ins Private veränderten die märkischen Dörfer. Kirchliche Feiertage galten zunehmend als Familientage. Und es entstanden Vereine, um die Interessen und Neigungen des Einzelnen zu bedienen. Zu den ersten Zusammenschlüssen in der zweiten Hälfte des 19. Jahrhunderts zählten Gesangs-, Turn- und Schützenvereine. Das Vereinsleben spielte sich halböffentlich in den Dorfwirtshäusern ab. Hatten Bauernhochzeiten zuvor nahezu Dorffestcharakter gehabt, wurden sie nun zunehmend reine Familienfeste.

Die Soldaten- und Kriegervereine sind besonders zu nennen, da sie nicht nur zu den ältesten Vereinen in Brandenburg zählten, sondern auch, weil sie prägenden Einfluss auf die Dorfkultur hatten. Als neuer sozialer »Kitt« entwickelte sich eine Festkultur an den Kriegerdenkmalen. Der staatlich gesteuerte Totenkult in Brandenburg-Preußen hielt bereits mit den antinapoleonischen Befreiungskriegen 1813–15 Einzug. Die Kriege 1864/66, 1870/71 und 1914–18 sorgten dafür, dass Kriegervereine und Kriegerdenkmale in großer Zahl entstanden. Im Ersten Weltkrieg hatte jedes Dorf Opfer zu beklagen. Der gefallenen Bauernsöhne wurde nament-

Die Kirche im uckermärkischen Herzsprung weist die typische Ausstattung märkischer Dorfkirchen auf: Altar und Kanzel aus dem 17. Jahrhundert, bescheidenes Patronatsgestühl und Taufe.

lich gedacht. Vor allem in der Weimarer Republik errichtete man selbst im kleinsten Flecken Kriegerdenkmale. Märkische Kriegerdenkmale wirkten in jener Zeit identitätsstiftend.

Kirche und Schule – dörfliche Autoritäten

In der Dorfgemeinschaft um 1900 hatte jeder seine ihm durch Besitz und Ansehen zugewiesene Stellung, erkennbar am Platz in der Kirche, an den Grußritualen oder den Heiratschancen der Töchter und Söhne. Pfarrer und Lehrer vermittelten und hüteten diese Regeln bis weit ins 20. Jahrhundert hinein. Der Pfarrer war mehr als nur ein kirchlicher Amtsträger, er war zugleich Autorität, Vorbild und Seelsorger. In den meisten Fällen war er im Dorf ebenso der verlängerte Arm der Obrigkeit, aber er kannte ebenso die Nöte der Menschen.

Fast jedes Dorf der Mark hat eine eigene Kirche, deren Ursprünge in die Zeit der deutschen Ostkolonisation im 13. Jahrhundert zurückreichen. Die Anzahl von Dorfkirchen in Brandenburg ist folglich außergewöhnlich hoch – bis heute existieren noch rund 1500.

Als spätgotischer Feldsteinbau mit verbrettertem Dachturm ist die Dorfkirche von Herzsprung bei Angermünde durchaus typisch für die Mark.

Das Ende der preußischen Staatskirche kam mit dem Untergang der Hohenzollern-Monarchie 1918. Die Verbindung von Thron und Altar wurde durch die Trennung von Staat und Kirche aufgelöst. Frömmigkeit und Religion wurden deshalb jedoch keine reine Privatsache, sie blieben eine öffentliche Ange-

Der Lehrer Brezin von Alt-Tornow (Foto von 1925) war der letzte ehrenamtliche Gemeindevorsteher, bevor das Schulzenamt hauptamtlich ausgeübt wurde.

legenheit. Auch zu Zeiten der Weimarer Republik gehörte die Mehrheit der Bevölkerung in der Provinz Brandenburg der evangelischen Kirche an. 1925 waren 82,68 Prozent der Brandenburger evangelisch, 8,25 Prozent katholisch und 5,61 Prozent konfessionslos. Doch die Säkularisierung schritt weiter voran. Die NS-Diktatur tat ein Übriges. Der Anteil evangelischer Christen der Kirchenprovinz Brandenburg sank im Jahr 1939 auf 78 Prozent.

Seit den 1950er-Jahren nahmen Kirchenaustritte drastisch zu, als die SED den Aufbau des Sozialismus mit Atheismuskampagnen forcierte. Die bisherige Stellung des Pastors auf dem Lande wurde noch stärker infrage gestellt, als Anfang der 1950er-Jahre anstelle von Konfirmation und Firmung die Jugendweihe eingeführt wurde. Der Kampf zwischen Kirche und Staat endete spätestens in den 1970er-Jahren, als die Jugendweihe fest etabliert und bei den Jugendlichen durchaus beliebt war.

In der traditionellen sozialen Rangfolge des Dorfes rangierte hinter dem Pfarrer als weitere Autorität der Lehrer. Der Schulmeisterberuf war historisch aus dem Küsteramt hervorgegangen. Um 1900 war die Schule eher eine Erziehungsanstalt als ein Ort umfassender Bildung. Kindern wurde neben Lesen und Schreiben vor allem Gehorsam eingeübt. Sie wurden zu gottesfürchtigen und rechtschaffenen Untertanen erzogen.

Das Landschulwesen in den ostelbischen Provinzen galt lange Zeit als unterentwickelt. Ein einzelner Lehrer unterrichtete alle Jahrgänge in Vormittags- und Nachmittagsunterricht. Nicht selten waren 70 Kinder in einem Schulzimmer versammelt. Rohrstock und Prügelstrafe gehörten ganz selbstverständlich zum »Handwerkzeug« des Lehrers. Trotz vorgeschriebener Regelschulzeit von acht Jahren – die Schulentlassung erfolgte mit der Konfirmation – besuchten zu Beginn des 20. Jahrhunderts besonders die Kinder von Landarbeitern und Tagelöhnern oft nur ein Jahr lang die Schule. Kinder erwarben bäuerliche Arbeitstechniken und bäuerliches Wissen durch die Praxis. Haus und Hof waren ihre wichtigsten Lernorte. Auf dem Feld halfen sie beim Jäten, Rübenhacken und Kartoffellesen. Sie sammelten Kräuter, pflückten Beeren und suchten Pilze. Ihre wichtigste Aufgabe jedoch war das Viehhüten. Meist schon sehr früh waren die Kinder allein unterwegs und auf sich gestellt.

Verbesserungen im ländlichen Schulwesen erfolgten ab dem ersten Drittel des 20. Jahrhunderts. Nach 1900 nahmen die Schülerzahlen wegen des Bevölkerungswachstums zu, sodass neue Schulhäuser gebaut werden mussten. Lehrerseminare wurden errichtet, und damit begann eine Professionalisierung des Lehrerberufs. Denn erst als Dorfschullehrer als niedere Landesbeamte eingestellt und mit einer Pension versorgt wurden, konnten sie vom Unterrichten leben. Auch engagierten sie sich aktiv im Dorf-

Jungen-Turnen 1910: Der Schulsport fand gleich auf dem Acker hinter dem Schulgebäude statt.

leben, arbeiteten in der Freiwilligen Feuerwehr mit oder gründeten einen Gesangs- oder Turnverein. Das Sozialprestige des Dorflehrers war auf seinem Höhepunkt angelangt.

In der Weimarer Republik wurde 1920 die vierjährige Grundschule eingeführt. Kinder aller sozialen Schichten besuchten in gemeinsamen Klassen zu Anfang ihrer Schullaufbahn eine öffentliche Schule. Die Trennung von Kirche und Schule wertete die Position des Lehrers auf und brachte ihn auf Augenhöhe mit dem Pfarrer. So konnte es in der Zwischenkriegszeit mancherorts durchaus einen Streit um die Meinungsführerschaft im Dorf geben.

1934 verlor Brandenburg im Rahmen der »Gleichschaltung der Länder« seine Schulhoheit. Die Zentralisierung ermöglichte eine staatliche Schulpolitik ganz im Sinne der Nationalsozialisten: Schulfächer wurden entsprechend ideologisch aufgeladen, gravierende Eingriffe beim Personal in Schulverwaltung und Schulen vorgenommen, der Schulalltag war dem Zugriff der NS-Parteiorganisationen ausgeliefert. Viele Lehrer stellten sich freiwillig in den Dienst des neuen Regimes und erfüllten eifrig die Rolle, die ihnen der NS-Staat zuwies.

Drei Viertel aller Lehrer, die der NSDAP angehört hatten, wurden nach 1945 in Brandenburg aus dem Schuldienst entlassen. Die radikal gesäuberte Lehrerschaft musste durch kurzfristig ausgebildete Neulehrer ergänzt werden. Mit dem Aufbau von Zentralschulen, die einen Einzugsbereich von mehreren märkischen Gemeinden hatten, verschwand die einklassige Dorfschule. Einen eigenständigen Weg innerhalb der Sowjetischen Besatzungszone bestritt Brandenburg, indem es Grund- und Oberschulen zusammenschloss. 1946 gab es an den über 2000 Zentralschulen 78 angegliederte Oberschulen. Das Erziehungsmonopol setzte der neu gegründete Staat zu einer umfassenden gesellschaftspolitischen Umgestaltung ein. Seit den 1950er-Jahren sollten »Arbeiter- und Bauernkinder« in einem neuen System allgemeinbildender Schulen gefördert werden. Der einheitliche Schultyp, der bis zum Ende der DDR den Bildungsweg aller Schüler bestimmte, war die 1959 eingeführte zehnklassige allgemeinbildende polytechnische Oberschule. Die strikte Trennung von Staat und Kirche im DDR-Staat grenzte die Institution Kirche aus dem schulischen Erziehungsprozess vollständig aus. Der Pfarrer als dörfliche Autorität, die von allen respektiert wurde, gehörte damit weitgehend der Vergangenheit an.

Märkische Dialekte und Trachten

Die märkische Dialektlandschaft ist nicht identisch mit den historisch gewachsenen Teilregionen des Landes und unterliegt einem

Dorfschule in Neugaul im Oderbruch bei Wriezen, 1926.

Dorfschule mit Schulgarten in Stolzenhagen bei Wandlitz, 1950er Jahre.

ständigem Wandel. Sprachgeschichtlich ist die Mark zweigeteilt in einen niederdeutschen und einen hochdeutschen Bereich. Der Süden der Mark, die Niederlausitz, gehört dem hochdeutschen, genauer dem ostmitteldeutschen Sprachraum an. Das niederdeutsche Sprachgebiet bilden das Nordmärkische (Prignitz, Uckermark, Ruppin) und das Mittelmärkische (Havelland, Fläming, Teltow, Barnim, Lebus). Gemeinsame Kennzeichen des Niederdeutschen sind die alten Verschlusslaute und die Langvokale – man sagt »Peerd« zu Pferd, »Dörp« zu Dorf, »Water« zu Wasser, »Huus« zu Haus und »Füer« zu Feuer. Das märkische Platt ist kein einheitlicher Dialekt. Es klingt trotz einiger typischer Merkmale wie »det« oder »dät« für hochdeutsch »das« oder »j« für »g« – zum Beispiel »jrüen« für »grün« oder »juet« für »gut« – in jedem Dorf anders.

Das Berlinische nimmt innerhalb der märkischen Sprachenlandschaft eine Sonderstellung ein. Als Berlin noch eine gewöhnliche Ortschaft war, herrschte dort wie im märkischen

Zur Spreewaldtracht der Frauen gehören die charakteristischen steifen Hauben.

Umland das Niederdeutsche als gesprochene Sprache. Niederdeutsch war seit der Blüte der Hanse die Verkehrssprache im Nord- und Ostseeraum. Es wurde in Norddeutschland vor allem im Gefolge der Reformation als Amts- und Schulsprache vom Hochdeutschen verdrängt. Berlin als wichtige Handels- und Verwaltungsmetropole, als politisches Machtzentrum und als Schmelztiegel für ausländische Zuwanderer stand unter erhöhtem Druck, das Hochdeutsche zu verwenden. Und trotzdem finden sich im Berliner Dialekt neben der niederdeutschen Grundierung Einflüsse des Flämischen, des Französischen, des Hebräischen und des Slawischen – der Sprachen jener Menschen, die seit Jahrhunderten von Berlin angezogen wurden.

Es scheint, als sei Berlinisch eine Stadtsprache, die aus einer Mischung unterschiedlicher Mundarten und Fremdsprachen entstanden ist. Oft wird es als vermeintlich fehlerhafte Mundart verachtet oder als Verballhornung des Hochdeutschen verkannt, dabei ist es eine städtische Umgangssprache, die die märkische Sprachlandschaft seit dem 19. Jahrhundert nachhaltig veränderte. Sie trat einen Siegeszug durch die Mark an und wurde im Alltag zur vorherrschenden Sprachform in Brandenburg.

Diese Veränderung in den märkischen Dialektverhältnissen erfolgte allmählich. Zunächst griff ab den 1870er-Jahren der Berliner Dialekt auf die unmittelbare Umgebung der Stadt über. Dann fasste er in den Städten der Mark Fuß und eroberte von dort aus die dörflichen Gegenden. Im 20. Jahrhundert ist das Berlinische im alltäglichen Sprachgebrauch zur vorherrschenden Sprachform Brandenburgs geworden. In der Mittelmark wurden die alten märkischen Landmundarten verdrängt. Im Nordmärkischen beherrscht seit Mitte des 20. Jahrhunderts nur noch die ältere Generation das märkische Platt.

Mit den ausladenden Hauben auf dem Boot Platz zu finden ist gar nicht so einfach.

In der Mark gibt es zwei Trachtengebiete, die beide im Süden liegen: den Fläming und die Lausitz. Trachten stehen im allgemeinen Bewusstsein für verschwundene ländliche Idylle. In Brandenburg und anderswo waren und sind sie jedoch keine Zeugnisse einer heilen bäuerlichen Welt, sondern hatten eine Funktion. Je nach Anlass unterschiedlich zusammengesetzt, signalisierten sie den sozialen Status der Träger, zum Beispiel den Familienstand oder das Lebensalter.

Die Fläming-Tracht hat zwei auffällige Merkmale: mehrere übereinander getragene farbige Röcke, darüber eine Schürze

Die schwarze Tracht wurde zum Kirchgang getragen, hier in Ihlow bei Dahme am Rande des Flämings.

sowie die steife Haube mit flügelartig abstehenden Kopftüchern, die Karnette. Zu kirchlichen Festen trugen die Frauen schwarze Tuchröcke. Frauenröcke reichten in der Regel bis zur halben Wade. Eine berühmte Ausnahme benennt das Sprichwort: »Ist die Schürze länger als der Rock, stammt die Frau aus Juterbog.« Die Jüterboger Schürze war zudem mit Litzen, bunten Borten und Perlen verziert. Männertrachten waren dagegen äußerst schlicht und bestanden lange Zeit aus blau gefärbtem Leinenkittel, später aus grüner oder blauer Joppe, dazu lange Manchester- oder Leinenhosen und runde Kappen aus Tuch oder Samt.

Als größte geschlossene Trachtenlandschaft der Mark gilt das sorbische Gebiet, das sich einst über die ganze Niederlausitz bis hin zur Warthe erstreckte und später in Brandenburg nur noch das Gebiet des Spreewaldes umfasste. Die sorbische Tracht der Frauen ist in auffallenden Farben gehalten und besteht aus weiten, faltigen Röcken, Brusttüchern und Schürzen. Die ledige Frau trägt Rot, Grün ist der verheirateten Frau vorbehalten. Ein weißer Rock tauchte bei der Festtagstracht nicht auf, stand Weiß doch bis in die Zeit um 1900 für tiefe Trauer. Zum Kirchgang trugen alle Schwarz.

Erst seit dem Beginn des 19. Jahrhunderts wurde das Kopftuch gebräuchlich. Es wird von den Frauen so um den Kopf gebunden, dass Haar, Stirn und Ohren fast verhüllt sind und die beiden gestärkten Tuchzipfel auffällig nach links und rechts abstehen. An Festtagen setzten die Frauen die »Lapa« auf. Diese steife Haube mit den flügelartig abstehenden Kopftüchern birgt im Innern einen Papprahmen als Gestell, das mit einem bestickten Leinen- oder Seidentuch bedeckt und mit Nadeln befestigt wird.

Die Männertracht steht jener der Spreewälderinnen etwas nach. Früher trugen alle Männer den blauen Leinenkittel, später nur noch die älteren sonntags die Jacke aus blauem Tuch. Auch wurde die sorbische Pelzmütze nach und nach durch die Schirmmütze und an Festtagen durch den Zylinder verdrängt. Zur Hochzeit kleidet sich die Braut in Schwarz: mit einem schweren schwarzen

Tuchrock, schwarzer Schürze und einer schwarzen Jacke, dazu jedoch ein weißes Spitzenhalstuch und weiße Strümpfe zu schwarzen Schuhen.

Als die fortschreitende Industrialisierung Anfang des 20. Jahrhunderts auch die Herstellung der Stoffe durch Maschinenarbeit in den Vordergrund rückte, wurde andere Materialien verwendet, und auch das Aussehen der sorbischen Trachten änderte sich. Manch handgewebte Röcke wurden durch feine, maschinell hergestellte Tuchröcke ersetzt. Auch bei den Brusttüchern bevorzugte man maschinell gewirkte und bedruckte Muster.

Nach dem Ersten Weltkrieg wurden die traditionellen sorbischen Trachten meist nur noch von älteren Frauen oder zu besonderen Gelegenheiten getragen. Die Frauenmode änderte sich fundamental. Die Kleidung wurde insgesamt bequemer, kurze Röcke kamen auf, die Oberröcke verloren an Breite und Weite. Die große Flügelhaube wurde seltener aufgesetzt, das bequemere Kopftuch bevorzugt. Während des Dritten Reichs waren Sorben Verboten und Verfolgungen ausgesetzt, sodass viele Mädchen und Frauen gar keine Tracht mehr trugen. In den Jahren nach 1945 trug fast niemand mehr Tracht, ihre Bedeutung im Alltag erlosch. Man trennte sich von der Tracht, die eben nicht nur kleidete, sondern auch ein soziales Signalsystem darstellte. Das Verschwinden der traditionellen Kleidung erzeugte allerdings eine Gegenbewegung – die sogenannte Trachtenfolklore.

Das Gesicht märkischer Dörfer

Märkische Dörfer besitzen Gesicht und Charakter. Sie kennen Guts- und Herrenhäuser, Bauernhöfe und Hüfnerhäuser, Katen und Schnitterkasernen, Neubauernhäuser und LPG-Wohnungen, Volks- und Stadtgüter. Ihre ländlichen Haus- und Wohnformen spiegeln die Strukturen der märkischen Dorfgemeinschaft wider und geben dadurch Auskunft über ihr inneres Leben.

Bauernhöfe der Mark – vom Wohnstallhaus zum Mehrhaushof

Das typisch märkische Bauerngehöft gibt es nicht. Die brandenburgischen Bauernhausformen sind geprägt durch die Lebens- und Wirtschaftsweise ihrer Bewohner. Auf dem Land war das Haus vor allem Wirtschaftsraum und bot Mensch und Tier Schutz vor Wetterunbilden. Wohn- und Stallbereich waren unter einem Dach zusammengefasst. Das Wohnstallhaus wird in der Mark durch das

Die Trachten lokalisieren das mit Schilfrohr gedeckte Bauernhaus im Spreewald.

niederdeutsche Hallenhaus, das Dielen- und das Vorlaubenhaus vertreten. Das niederdeutsche Hallenhaus war vor allem in der nördlichen Altmark anzutreffen. Das Dielenhaus zeichnet der schmale Flur – die Diele – aus, der das ganze Haus durchläuft und von dem aus sämtliche Wohnräume zugänglich sind.

Laubenhäuser, bei denen unter dem Giebel ein Laubengang verläuft, waren vor allem in der Uckermark und jenseits der Oder im Sternberger Land verbreitet. In den Spreewalddörfern war die Blockbauweise beheimatet. Dabei wurden die Bauerngehöfte aus reinen Holzwänden – bevorzugt aus Erlen- und Eichenholz – errichtet. Gehöfte im Oder- und Warthebruch sind aufgrund ihrer späten Entstehung fast ausschließlich Fachwerkhäuser. Der Fachwerkbau ist im Vergleich zum Blockbau holzsparend und erlebte im 18. Jahrhundert seine Blütezeit.

Für die gewöhnlichen Dorfbauten verwendete man fast ausschließlich die vorhandenen Materialien der Umgebung. Ländliches Bauen, wenn es nicht herrschaftliches Bauen war, hieß fast immer Eigenbau und Nachbarschaftshilfe. Die Kosten für die Beschaffung der Baumaterialien mussten daher minimal sein, und

Typisches Straßenbild eines märkischen Dorfes – Neugaul im Oderbruch.

Laubenhäuser waren in der Uckermark und jenseits der Oder im Sternberger Land verbreitet.

auch Reparaturen mussten mit einfachen Mitteln durchgeführt werden. Holz war das Grundmaterial für Wand- und Dachkonstruktionen, Fenster und Türen. Als Bauholz begehrt war die hochwertige Eiche, doch viel verbreiteter war Kiefer. Die Gefache wurden mit Lehm und Stroh verfüllt. Luftgetrocknete Lehmziegel fanden Verwendung vorwiegend für Innenwände. Mauerziegel, die aus Lehm mit Stroh hergestellt wurden, eigneten sich für Außenwände und wurden mit einem Kalkmörtel verputzt. Ergänzend wurden auch in der Feldflur aufgelesene Steine eingesetzt.

Rohrdächer waren in der Mark verbreitet, da Schilf als nachwachsender einheimischer Rohstoff reichlich zur Verfügung stand. Sie hielten gut 30 Jahre und besaßen geringes Eigengewicht, was vor allem in den Gegenden der Mark mit sumpfigem Boden sehr vorteilhaft war. Zudem verfügten sie über günstige Isoliereigenschaften: Sie wärmten im Winter und kühlten im Sommer. Ihr entscheidender Nachteil war, dass sie schnell in Brand gerieten.

Bis ins 18. Jahrhundert gab es in Brandenburg keine Bauordnung, sehr wohl aber eine »Feuerordnung auffm platten Land«. Sie sollte der Feuergefahr, vor allem der des Brandüberschlags, aber auch der Verknappung der Bauholzvorräte begegnen. Mitte des 18. Jahrhunderts wurden Stroh- und Rohrdächer für Wohnhäuser verboten – Ziegeldächer hielten Einzug auf dem Lande. Schornsteine mussten massiv erbaut werden, weshalb auch der trichterförmige offene Rauchschlot der sogenannten schwarzen Küche ersetzt wurde. Heuschober, Getreide- und Strohmieten mussten einen Mindestabstand zu den Gebäuden einhalten.

Bereits Mitte des 18. Jahrhunderts begann das Wohnstallhaus allmählich zu verschwinden; zu Beginn des 19. Jahrhunderts wurden Wohnen und Arbeiten endgültig räumlich getrennt. Nun entstand der historisch neue Typ des bäuerlichen Mehrhaushofes aus Stall, Scheune und Haus. In der Regel erfolgte die Gruppierung so, dass das Wohnhaus an der Straße lag und Stall und Scheune zu beiden Seiten des Hofes angeordnet waren. Eine rechtwinklige

Arbeit in der Ziegelei: Die luftgetrockneten Steine wurden von den Frauen zum weiteren Trocknen unter Dach gebracht.

Tonpresse: Der abgebaute Ton wurde im Rohzustand zerkleinert und gemischt, bevor man aus der gewonnenen Masse Ziegel formte.

Anordnung ist häufig, aber nicht zwingend. Es gab Zwei-, Drei- und Vierseithöfe. Seit Einführung der Gewerbefreiheit tauchten in den märkischen Dörfern neue Funktionsgebäude auf: Schmieden, Mühlen, Darren, Schnapsbrennereien, Zuckerfabriken und Kolonialwarenläden.

In der Kaiserzeit differenzierten sich die Bauernhöfe weiter aus. Großbauern (20 bis 100 ha Grundbesitz) bauten bevorzugt traufseitige Wohnhäuser. Sie legten wegen der umfangreichen Vorratswirtschaft Wert auf eine vollständige Unterkellerung und verzierten ihren Putzbau mit Zierrat. Ihre Stallungen bauten sie größer, massiver und zweistöckig und nutzten sie, um größere Dreschkästen und später Traktoren unterzustellen. Mittelbauern (5 bis 20 ha) bevorzugten entsprechend ihrer Wirtschaftskraft An- statt Neubauten und bemühten sich eher, ihren Bauernhof zu modernisieren, als einen kostspielige Neubau auf sich zu nehmen. Kleinbauern (2 bis 5 ha), auch Büdner und Häusler, die sich als Landarbeiter verdingten, begnügten sich mit der traditionellen Bauweise in der Mark, der Lehmfachwerk-Scheune. Bei ihnen lebten auch immer noch drei Generationen unter einem Dach. Hier erfolgte die Modernisierung der Wohnhäuser häufig erst zu DDR-Zeiten.

Die Landarbeiter waren die ärmste Bevölkerungsgruppe und besaßen keine eigenen Wohnstätten. Sie waren kontraktgebundene Saisonarbeiter, kamen überwiegend aus Polen und arbeiteten vor allem auf den Gütern Ostbrandenburgs. Dort waren sie in Tagelöhnerhäusern am Dorfrand untergebracht. In diesen sogenannten Schnitterkasernen wohnten sie mietfrei, aber äußerst beengt und einfach – in Schlafsälen für bis zu 20 Arbeiter mit zweistöckigen eisernen Bettgestellen und Strohsäcken. 1910 war jeder vierte Landarbeiter in Preußen Saisonarbeiter. Während des Zweiten Weltkriegs wurden die Schnitterkasernen mit ausländischen Zwangsarbeitern belegt.

Solche Alleen sind bis heute typisch für die Region.

Ab dem letzten Drittel des 19. Jahrhundert wurde die dörfliche Bauweise aus Holz, Lehm und Stroh nach und nach durch Ziegelbauten ersetzt. Als ab 1800 die ersten Ziegeleien entstanden und um 1850 der Ringofen aufkam, begann der Siegeszug des Tonziegels und damit ein neuer Wirtschaftszweig.

Berlins Bauboom begründete den rasanten Aufstieg der märkischen Ziegelindustrie. Um 1910 lag die Jahresproduktion bei über 600 Millionen Ziegeln im Jahr. Die einzelnen Ziegelproduktionsstätten sind oftmals direkt mit berühmten Bauwerken Berlins verbunden. So brannte die Ziegelei in Joachimsthal (Schorfheide) die Ziegel für die Friedrichwerdersche Kirche, und jene in Hermsdorf (Niederbarnim) produzierte die Ziegel für das Rote Rathaus. Die märkischen Ziegelfabriken lagen rund um die Metropole.

Anfang des 20. Jahrhunderts entstand in Mildenberg bei Zehdenick eines der größten zusammenhängenden Ziegeleigebiete Europas. Die Tonstiche lagen dort in unmittelbarer Nähe zur Havel – der Transport der Backsteine nach Berlin erfolgte in Zillen und

Lastkähnen über die märkischen Wasserstraßen. Der Erste Weltkrieg ließ nur ein Zehntel der märkischen Ziegeleibetriebe überleben, die Weltwirtschaftskrise 1929/30 tat ein Übriges. Die märkischen Tonvorräte waren allmählich erschöpft, und mit dem Aufkommen neuer Baustoffe gingen die Ziegeleien letztlich ein.

Unter Dach und Fach – schöner wohnen

So variantenreich die märkischen Bauernhausformen auch waren, das bäuerliche Wohnen verlief nahezu gleichartig. Die bäuerliche Familie bestand nicht nur aus dem Bauern mit Frau und Kindern, sondern auch aus Altbauer und Altbäuerin sowie Mägden und Knechten, dem Gesinde, wobei unverheiratete Geschwister, Neffen und Nichten vielfach ebenfalls zum Gesinde zählten. Sie alle bildeten eine Großfamilie. In jedem Bauernhaus befand sich eine beheizbare Stube, die im Winter von allen gemeinsam genutzt wurde. Auch ein Bett stand in der Stube. Es war ein einfaches Holzgestell mit Strohsäcken als Unterlage und dicken Federbetten als Zudecke. Darin schliefen die Eltern und einige der größeren Kinder. Ansonsten suchten sich die anderen Familienangehörigen Schlafgelegenheiten – und sei es in Nebenräumen, auf dem Dachboden oder im Stall. Erst um 1800 kam es zu gesonderten Schlafkammern, die sehr klein und nicht beheizbar waren.

Die Fußböden bestanden aus Erde oder Lehmschlag und wurden mit trockenem hellem Sand bestreut. So rutschte man bei Nässe nicht aus, zudem konnte der Sand in ornamentalen Mustern gestreut werden. Selbst als zu Beginn des 19. Jahrhunderts Ziegelfußböden oder Holzdielen eingeführt wurden, behielt man die Sitte des Sandstreuens bei. Nicht der reichlich vor der eigenen Haustür zu findende märkische Sand wurde allerdings dazu verwendet, begehrt war vielmehr feiner weißgelber Sand, der vom umherziehenden »Sandmann« gegen gerin-

Der Prototyp eines Büdnerhauses, auch Kate genannt – ein kleines ländliches Anwesens mit eigenem Haus, jedoch nur wenig Land.

ges Entgelt verkauft wurde. Anfang des 19. Jahrhunderts wurden die Fußböden in den Stuben mit Dielungen, in den Küchen und Fluren mit Steinen versehen. Lehmschlag blieb teilweise noch in den Kammern erhalten. Die Stuben erhielten Kachelöfen.

Ab der Kaiserzeit veränderten sich auch die eigenständigen Wirtschaftsbauten der Bauernhöfe. Die Ställe und Scheunen wie auch die Speicher genügten den gestiegenen Ansprüchen nicht mehr. Obwohl die traditionellen Materialien wie Holz und Mauerziegel weiterhin dominierten, hielten neuartige Baustoffe Einzug: Eisen tauchte als T-Träger oder bei Stallfenstern auf, Zink wurde für Dachrinnen verwendet, Stuck zierte die Fassaden. Der soziale Abstand zwischen Groß- und Kleinbauern hatte zugenommen, was sich auch in der Wohnkultur äußerte. Es wurde bei der Ausstattung mit Möbeln und der Ausgestaltung der Räume mehr auf Qualität geachtet. So mancher Großbauer passte seinen Wohnstil dem neuen Wohlstand an. Es ist dieses kaiserzeitliche Inventar, das vielen Menschen heute noch als Symbol für die »gute alte Zeit« auf dem Land gilt und mit dem märkische Heimatstuben häufig bestückt sind.

Die Lehmstampfbauweise fand im Hausbauprogramm der 1950er Jahre Anwendung.

Eine Schnitterkolonne im Jahr 1930.

Die Großbauern der Mark um 1900 unterteilten ihr Haus in Wohn- und Schlafzimmer, Küche und Vorratsräume, zudem gab es die ausgegliederte Wohnung fürs Altenteil. Sie legten sich sogar mehrere Wohnzimmer zu und schufen in Anlehnung an die Gutshäuser und deren Festsaal einen repräsentativen Raum mit Esstisch und Lehnstühlen, Büfett und Anrichte, die »gute Stube«, die nur zu besonderen Anlässen benutzt wurde. Die Innenausstattung der Zimmer erfuhr durch Teppiche und Tapeten eine deutliche Aufwertung. Der Besitz bestimmter Möbel wurde Ausdruck des sozialen Status. Zum gehobenen Standard zählten Holztruhen und Bauernschränke. Neben einem Bord für Teller an der Stubenwand unterhalb der Zimmerdecke gehörten hölzerne Uhren oder Bilder als Wandschmuck zur bäuerlichen Wohneinrichtung. Nur begüterte Bauern konnten ihren Töchtern sorgsam gefertigte Truhen, Schränke und Betten als Aussteuer mitgeben. Schließlich setzte sich in den 1920er-Jahren als Neuerung die Wohnküche durch – als stets warmer Ort und neuer Lebensmittelpunkt.

Gutsdörfer und Herrensitze

Ob als Anger-, Rund- oder Straßendorf, ob im Mittelalter oder als Kolonistensiedlung im 18. Jahrhundert angelegt, ob Amts- oder Gutsdorf – die Siedlungsformen prägten die märkische Agrarlandschaft. Als Kombination von Dorf- und Flurform sind sie aus der speziellen Siedlungsgeschichte Brandenburgs zu erklären. Der systematische Landesausbau in der Region zwischen Elbe und Oder führte zur Anlage von Bauerndörfern im Auftrag des Landesherrn durch Ritter, Geistliche und Siedlungsunternehmer, sogenannte Lokatoren. In der Regel wurden sie in der Mitte der Feldflur errichtet, und überall dort, wo die Bodenqualität die Beackerung der Feldfluren erlaubte, wurde die Dreifelderwirtschaft angewendet. Waren märkische Dörfer anfangs selbstverwaltet, so erlangte der märkische Adel spätestens mit der Einführung des Gesindezwangs und der Frondienste eine dominante Stellung.

In der Mark Brandenburg existierten neben Gutsdörfern auch Amtsdörfer und Domänengüter. Sie unterstanden direkt der landesherrlichen Verwaltung und stammten hauptsächlich aus der

Gutshaus in Dobberzin bei Angermünde (Uckermark).

Altes Schloss in Carmzow nordöstlich von Prenzlau (Uckermark), Aufnahme von 1929.

Zeit der Reformation, als Kirchengüter und Klosterdörfer säkularisiert wurden. Die ostelbische Gutsherrschaft war ein Produkt des 16. Jahrhunderts und zeichnete sich durch Großgrundbesitz und die in der Hand des Gutsherrn vereinigte Grund-, Leib- und Gerichtsherrschaft aus. Der Gutsbezirk als räumlich abgegrenzter Teil unterwarf das betreffende Gebiet und seine Bewohner der obrigkeitlichen Gewalt des Gutsherrn.

Die historische Entwicklung stärkte die ostelbische Gutswirtschaft. Während des Dreißigjährigen Krieges mit seinen enormen Menschenverlusten und Zerstörungen kauften märkische Gutsherren freie Bauernstellen auf und bewirtschafteten sie mit. Die Bauernbefreiung des 19. Jahrhunderts bewirkte für zwei Drittel aller Güter einen Besitzerwechsel und einen Rückgang des bäuerlichen Landes um 13 Prozent. Die durch die Separation veränderten Eigentumsverhältnisse in der Mark hoben die Dreifelderwirtschaft und die geschlossene Dorfanlagen auf, privatisierten das Land und führten das Bauernhofsystem ein. Zu den Verlierern dieser Entwicklung zählten Kleinbauern, Landarbeiter und Tagelöhner, zu den Gewinnern Gutsherren und Großbauern.

Mittelpunkt der Gutsdörfer war das Herrenhaus. Zwar hob es sich architektonisch von den anderen Wohnhäusern des Dorfes ab, doch anfänglich waren die brandenburgischen Herrensitze bis auf wenige Ausnahmen recht bescheiden. Herrenhäuser zeichneten sich funktional dadurch aus, dass sie Sitz der Gutsherrschaft und gleichzeitig »Schaltzentrale« des Wirtschaftshofes waren. Ähnlich wie ein Bauerngehöft sich durch Zubauten von Ställen und Scheunen zum Drei- oder Vierseithof entwickelte, wuchs eine prosperierende Gutsanlage kontinuierlich und entfaltete allmählich ihre ganz eigene Lebenswelt.

Das Gut wurde als landwirtschaftlicher Betrieb geführt; ihm waren Herrschaftsrechte wie niedere Gerichtsbarkeit, Dienstleistungen der Dorfbewohner, das Kirchen- und das Schulpatronat zugeordnet – der Gutsherr hatte Sitz und Stimme im märkischen Kreis- und Landtag. Ein typisches märkisches Gutsdorf bestand aus mehreren Wirtschaftsgebäuden wie Zucker- und Stärkefabriken, Schnapsbrennereien, großen Speichern für das Erntegut, Heiz- und Maschinenhäusern, Remisen, dem Verwalterhaus, Unterkünften für Saisonarbeiter und der Patronatskirche. Anfang des 18. Jahrhunderts wurden viele Gutshäuser um- und ausgebaut. Die Außenanlagen wurden als Garten oder Park professionell angelegt und gepflegt.

Nicht zwangsläufig wohnte in einem märkischen Herrensitz märkischer Landadel. Adlige Herrschaften treten gehäuft in der Ostprignitz und im Ruppiner Land, in der nördlichen Uckermark, dem

In Möglin bei Wriezen im Oderbruch wirkte Albrecht Daniel Thaer (1752–1828). Als Agrarpionier betrieb er hier ein Mustergut und gründete eine landwirtschaftliche Lehranstalt.

südlichen Barnim und der Neumark auf. Königliche Herrensitze sind in jenen Zonen der Mark anzutreffen, die sich die Hohenzollerndynastie direkt aneignete, meist handelt es sich dabei um zusammenhängende Waldgebiete für die Jagd wie der Grunewald und die Schorfheide. Im 19. Jahrhundert war es nicht mehr selbstverständlich, dass die Güter Adligen gehorten. Die Besitzstrukturen änderten sich, die Kommerzialisierung ergriff auch märkische Landgüter. Es waren Kaufleute, Bankiers, Finanz- und Justizräte, die adligen Besitz erwarben. Das wohlhabende städtische Bürgertum strebte aufs märkische Land und imitierte den adligen Lebensstil. Ob Herrensitz, Rittergut oder Schloss – es war nicht mehr auf den ersten Blick abzulesen, welche Herkunft die stolzen Besitzer hatten.

Gutsbesitzer – ob adlig oder bürgerlich – waren Herrscher eines ländlichen Mikrokosmos, einer Lebenswelt für sich. Sie verfügten über die Arbeitskraft der Dorfbewohner und hielten diese abhängig. Mit den preußischen Agrarreformen wurde dieses Abhängigkeitsverhältnis aufgebrochen. Die preußische Bürokratie versuchte mit der 1891 eingeführten Landgemeindeordnung die Verhältnisse auf dem Lande zu modernisieren. Erst in der Weimarer Republik endete das Recht des Gutsherrn, den Lehrer und den Pfarrer auszuwählen sowie die Polizeihoheit auszuüben. Die Schulen wurden staatlicher Aufsicht unterstellt, Amtsgerichte und staatliche Polizei eingeführt, letztlich die Gutsbezirke aufgelöst. Doch damit endete nicht überall das paternalistische Verhältnis des Gutsherrn zu »seinen Leuten«. Besonders dort, wo Gutsbesitzer seit Generationen ansässig waren, erwiesen sich gewachsene persönliche Bindungen als sehr beständig. Die ökonomischen Abhängigkeiten und die persönlichen Bindungen blieben bis weit ins 20. Jahrhundert hinein bestimmend. Der Gutsherr blieb bis 1945 die anerkannte Autorität im Dorf.

Am Ende des Zweiten Weltkriegs wurden märkische Schlösser, Herren- und Gutshäuser als Symbole überkommener Machtverhältnisse vielfach gezielt zerstört. Die erhalten gebliebenen wurden zu DDR-Zeiten zu staatlichen oder wirtschaftlichen Gebäuden oder Ferienwohnheimen umfunktioniert. Bis heute gelten herrschaftliche Landsitze als Markenzeichen der Mark Brandenburg.

Umbrüche in der Landwirtschaft – Bodenreform und Kollektivierung

Nach dem Zweiten Weltkrieg war die märkische Landwirtschaft in ihrer Existenz stark beeinträchtigt. Äcker waren verwüstet, Scheunen und Ställe niedergebrannt, Erntevorräte und Saatgut vernichtet, Vieh war getötet oder fortgetrieben worden. Maschinen und Geräte waren größtenteils nicht mehr vorhanden, Handarbeit dominierte. Hatte die Mark vor 1945 erheblich mehr agrarische Produkte erzeugt, als die eigene Bevölkerung verbrauchen konnte, und die Überschüsse in die Millionenstadt Berlin geliefert, so konnte davon nach Kriegsende keine Rede mehr sein. Das Agrarland Brandenburg war kaum in der Lage, sich selbst zu ernähren.

Am 6. September 1945 erließ das Land Brandenburg die »Verordnung über die Bodenreform«. Jeglicher Grundbesitz über 100 Hektar – einschließlich Wald und Wasser – wurde entschädigungslos enteignet und aufgeteilt. Gleiches galt für Grundbesitz von Nutznießern des nationalsozialistischen Regimes und von Kriegsverbrechern. Die Parole »Junkerland in Bauernhand« begleitete seit Kriegsende die Umverteilung von Grund und Boden an Kleinbauern, Landarbeiter, Landpächter und Umsiedler. Je nach Bodenqualität wurden Parzellen von fünf bis acht Hektar ausgeteilt. Ein Drittel

Eine Neubauernsiedlung im Oderbruch in den 1950er Jahren.

Neubausiedlung 1950er Jahre, Oderbruch.

der Ländereien wurde in Form Volkseigener Güter (VEG) weitergeführt, deren Bewirtschaftung von Anfang an geordneter und ertragreicher war als auf dem aufgesiedelten Land. Die 1949 gegründete DDR wies den VEG Vorbildfunktion zu und begünstigte sie im Zuge der agrarischen Planwirtschaft, sodass es im Alltag manches Volkseigenen Gutes zu einer Erneuerung paternalistischer Verhältnisse unter staatssozialistischen Vorzeichen kam.

Die Bodenreform in Brandenburg betraf vor allem die Ostprignitz und Ruppin sowie die Uckermark, andernorts war sie weniger erheblich, wie zum Beispiel im Niederbarnim, wo lediglich 1,86 Prozent der landwirtschaftlichen Nutzfläche als Bodenreformanteil verteilt wurden. Diese regionalen Unterschiede spiegeln die traditionelle märkische Agrarstruktur wider, in der Güter und Einzelbauerwirtschaften nebeneinander existierten. Die Bodenreform verfolgte mehrere Ziele. Sicher war sie eine politische Entscheidung infolge des totalen Zusammenbruchs des NS-Staates. Ihre wirtschaftlichen Ziele erreichte sie jedoch kaum, die landwirtschaftliche Produktion konnte nicht im erwarteten Umfang gesteigert werden. Dem einen oder anderen hat sie in der harten Zeit unmittelbar nach dem Krieg die Existenz gerettet, allerdings

In Gerbersdorf, Kreis Luckenwalde, entstand im März 1946 eine große Neubauernsiedlung.

waren diese Betriebe zum allergrößten Teil nicht überlebensfähig. Bis 1952 verließen zehntausend Bauern ihre Höfe und suchten sich Arbeitsplätze in der Industrie oder gingen in den Westen des geteilten Deutschlands. Die brachliegenden Äcker führten zu einer Versorgungskrise.

Der 1949 geschaffene »Arbeiter- und Bauernstaat« DDR setzte schließlich auf eine Kollektivierung der Landwirtschaft, welche die selbstständig wirtschaftenden Bauern in Genossenschaftsbauern und Landarbeiter, in weisungsgebundene »Werktätige« verwandelte. Gegen den Willen der meisten Bauern erfolgte in den Jahren 1952 bis 1960 eine politische Kampagne zur Gründung Landwirtschaftlicher Produktionsgenossenschaften (LPG) nach sowjetischem Vorbild. Eine Gleichrangigkeit von einzelbäuerlichen Betrieben und Produktionsgenossenschaften ließ der politische Kurs der SED-Führung nicht zu. Nach dem Volksaufstand vom 17. Juni 1953 setzte sie konsequent die Kollektivierung der Landwirtschaft fort, indem sie die LPG ökonomisch privilegierte und die politische Machtausdehnung auf die Dörfer forcierte. Wer Einzelbauer blieb, musste im Vergleich zu den LPG-Genossen höhere Steuern zahlen, einen Großteil der eigenen Erträge abliefern, erhielt keine Stundung von Ablieferungsschulden und musste für Düngemittel, Saatgut und den Tierarzt mehr bezahlen. Gegenüber jenen, die sich von diesen strukturellen Zwängen nicht umstimmen ließen, wurde eine Drohkulisse aufgebaut und nötigenfalls auch umgesetzt, was Zwangsmaßnahmen und Enteignung einschloss.

Mitte des Jahres 1953 hatten rund 25 Prozent der Einzelbauern in der DDR aufgegeben, bis Ende der 1950er Jahre traten weitere 25 Prozent den LPG bei. Nach der DDR-weiten Massenkampagne des »sozialistischen Frühlings« von 1960 wurde die »Vollgenossenschaftlichkeit« gemeldet. Von den mehr als 850 000 bäuerlichen Privatbetrieben existierten am Ende des Jahres 1960 nur noch weniger als 20 000. 92,4 Prozent der landwirtschaftlichen Nutzfläche der DDR gehörte zum sozialistischen Sektor der Produktion.

Die Entwicklung im Agrarsektor brachte die Industrialisierung der DDR-Landwirtschaft mit sich. Die Spezialisierung der Agrarproduktion gipfelte Mitte der 1970er-Jahre in der staatlich angeordneten Trennung von Pflanzen- und Tierproduktion. Große

Die Bodenreform der Jahre 1945/46 – Landverteilung an Neubauern.

Genossenschaften von mehreren Tausend Hektar widmeten sich ausschließlich der Tier- oder der Pflanzenproduktion. Die überdimensionierten Betriebe brachten aber nicht die erwarteten Erfolge. Die DDR konnte den eigenen Lebensmittelbedarf nie selbst decken. Die industriemäßige Produktion in der Landwirtschaft wirkte sich verheerend auf die Umwelt aus – überdüngte Böden, großflächige Monokulturen und tonnenschwere Landmaschinen hinterließen nachhaltige Spuren. Ungeachtet dessen verbesserten sich die Lebensbedingungen der Landbewohner. Die LPG-Mitglieder kamen in den Genuss von Urlaub, geregelter Arbeitszeit, preiswertem Kantinenessen. Sie hatten Anspruch auf gesundheitliche Fürsorge, kostengünstige Unterbringung der Kinder in Krippen und Kindergärten. Sie konnten sich weiterbilden und verdienten relativ gut.

Gemeinschaftlicher Wegebau in den 1950er-Jahren.

Vom Bauerndorf zum Ausflugsort – Sommerfrische und Landlust

Ausflüge ins Grüne, in die schöne märkische Landschaft, wurden ab 1880 besonders bei Berlinern populär. Sie wollten am Wochen-

Der Erntekindergarten Werbig bei Seelow im Oderbruch betreut während der Ernte die Kinder der Genossenschaftsbauern.

ende der Großstadt entfliehen und ihre Sehnsucht nach Natur stillen. Dazu mussten sie nicht einmal sehr weit fahren, denn die Ausflugsziele lagen unmittelbar vor den Toren der Stadt.

Zur Fahrt ins Grüne gehörte unbedingt der Besuch eines Gartenlokals oder Gasthauses. Beeindruckend war die Anzahl der Ausflugslokale und ihre Größe. Rund um Berlin gab es Biergärten, Kaffeeküchen, Kegelbahnen, Tanzsäle und Spielwiesen, so in Treptow das »Haus Zenner« (1880) oder die »Terrassen am Halensee«, ein über 7000 Gäste fassendes Lokal im Grunewald (1904). Bis zum Beginn des Ersten Weltkriegs erfreute sich der sonntägliche Ausflug mit »Kind und Kegel« großer Beliebtheit. Doch ab 1920 entstanden innerhalb der neuen Stadtgrenzen Berlin so viele neue Freizeitmöglichkeiten, dass die Ausflüge ins Grüne zurückgingen.

Im ersten Drittel des 20. Jahrhunderts änderte sich die Nutzung der Landflächen, besonders im nahen Umland Berlins. So mancher märkische Bauer veräußerte sein Heideland oder seine

Beliebtes Ausflugsziel ist der einzigartige Spreewald.

Wiesen an die Stadt Berlin, an Eisenbahn- und Terraingesellschaften. Bebauungspläne werden erstellt, Flurstücke parzelliert, Straßen und Plätze angelegt. Jene Bauern, die diese Chance auf ein Zusatzeinkommen wahrnahmen, gingen jedoch auch ein Risiko ein: Nur einige schafften es, ihre Wohn- und Wirtschaftsgebäude mit diesen Geldern zu modernisieren und ihre Produktionsbedingungen zu verbessern. Viele wurden Opfer von Inflation, Wirtschaftskrise und Bodenspekulation.

Die Sehnsucht nach Sonne, Wald und frischer Luft dauerhaft zu stillen, war das stärkste Motiv, ein Stückchen märkischen Grüns auf dem platten Lande zu erwerben. Vorreiter waren Anhänger der Lebensreformbewegung wie zum Beispiel jene, die 1893 in Eden bei Oranienburg eine vegetarische Musterkolonie gründeten. Um 1900 wurde das »Zurück zur Natur« gesellschaftsfähig und auch praktisch möglich. Die Mobilität nahm zu. In den Berliner Vorortgemeinden setzte eine rege Siedlungstätigkeit ein. Finanzkräftige Stadtflüchtige bauten Stadtvillen in reizvolle Gegen-

Kein Märkisches Dorf ohne Dorfkrug.

den. Weniger Betuchte begnügten sich anfangs mit einfachen Lauben in Holzbauweise, Wasserversorgung mit Schwengelpumpe und Plumpsklo. Häufig wurde später aus dem Wochenendhäuschen ein Zweitwohnsitz und noch später der Dauerwohnsitz vor den Toren der Hauptstadt. Von der Natur besonders begünstigte Gebiete nahe Berlin wie Falkensee im Nordwesten und Wandlitz im Norden erkannten ihre Entwicklungschancen.

Die Sehnsucht der Städter nach Natur richtete sich jedoch nicht allein auf den engeren Raum rund um Berlin, sondern erstreckte sich auf die ganze Mark. Mit dem neuen Verkehrsmittel, der Eisenbahn, wurde Reisen zum Vergnügen. Das Eisenbahnnetz Brandenburgs erfuhr durch das Kleinbahngesetz von 1892 eine Verdichtung. Nunmehr wurden jene Regionen der Mark, die von den Hauptbahnen bislang nicht erfasst waren, erschlossen. Die Eisenbahn steht am Anfang des modernen Tourismus. 1884 gründete sich der »Touristenclub für die Mark Brandenburg«, der sich ganz nach dem Vorbild Fontanes das ambitionierte Ziel setzte, märkische Geschichte zu erwandern und märkische Landschaften lesen zu lernen. Gängige Wandervereine suchten reinen Naturgenuss in der Mark oder übten wie die »Naturfreunde« seit 1905 das »soziale Wandern« in Gemeinschaft mit Gleichgesinnten.

Bald entwickelte sich auch die touristische Infrastruktur der Mark. Landstriche mit Seen haben eine eigene Tradition aufzuweisen – die des märkischen Kur- und Bäderwesens. Bereits 1683 entdeckte man in Freienwalde am Oderbruch erstmals eine Heilquelle, die »Kurfürstenquelle«. Der Grundstein für den Kurbetrieb war gelegt. Der Name Bad Freienwalde datiert zwar erst auf das Jahr 1925, trotzdem darf sich Freienwalde rühmen, der älteste Kurort der Mark zu sein. Auch andernorts, wie zum Beispiel in Eberswalde (Oberbarnim), wurden Gesundbrunnen eingerichtet. Dabei wurde die eigentliche Kur, die Heilung, schon seit Ende des 18. Jahrhundert eher zur Nebensache. Bäder-Touristen suchten auch Unterhaltung. Ob Luftkurort, See- oder Strandbad – das mär-

Bad Freienwalde rühmt sich, ältester Kurort der Mark zu sein.

Zaghafte Badefreuden um 1900 im Gorinsee bei Bernau nördlich von Berlin.

kische Badewesen boomte. Als um 1900 die gesundheitsfördernde Wirkung von Moor entdeckt wurde, entstanden in der Mark weitere Heilbäder. Dank der heilkräftigen Moorerde der Prignitz eröffnete Wilsnack 1907 eine Moorbadeanstalt und änderte seinen Ortsnamen 1929 in Bad Wilsnack. 1905 etablierte Bad Liebenwerder als südlichster Kurort Brandenburgs ein Moorheilbad. Am Scharmützelsee folgte 1911 Bad Saarow mit eigenem Moorbad und Sanatorium.

In den Zeiten der Weimarer Republik, als der »allgemeinen Volksgesundheit« mehr Beachtung geschenkt wurde, wurden öffentliche Badeanstalten an Seen angelegt, wie zum Beispiel 1923 in Wandlitzsee oder 1926 in Königs Wusterhausen. Märkische Orte in reizvoller Lage profitierten auch von Sommerfrischlern. Dabei handelte es sich um städtische, meist mittelständische Familien, die ihren Erholungsurlaub auf dem Lande verbrachten.

Um 1900 gab es noch wenige Landgasthöfe in der Mark, die auf mehrwöchige Aufenthalte von Feriengästen eingerichtet waren. Theodor Fontane selbst hielt sich im Juli und August 1887 als Sommerfrischler im Seebad Rüdersdorf am Kalksee auf und bemängel-

So manches märkische Dorf mauserte sich zum Erholungsort, wie hier Wandlitzsee mit seinem 1923 etablierten Seeband.

te vor allem den spärlichen Komfort. Nach dem Ersten Weltkrieg wurde es populär, sich für mehrere Wochen zu niedrigen Preisen privat auf dem Dorf einzumieten. Die Zimmervermietung war zumeist ein Nebenerwerb, und der Gastgeber ging häufig weiterhin seinem Hauptberuf als Bauer oder Dorfhandwerker nach.

Der Zweite Weltkrieg beendete die Hoffnung mancher Ortschaften, sich dauerhaft vom märkischen Bauerndorf in einen Ausflugsort verwandeln zu können. Der Tourismus in der Mark wurde für viele Jahre in einen Dornröschenschlaf versetzt.

Anfang der 1960er Jahre setzte in der DDR ein »Datschenboom« ein: Er war ein Ausdruck individueller Erholungssuche, während die Erholungs- und Urlaubsangebote von Betriebsferienheime, Kinderferienlager, Zeltplätze und Jugendherbergen vor allem auf Gemeinschaftserlebnisse zielten. Waren die Möglichkeiten, die Mark als Erholungsgebiet und Reiseland zu entdecken, durch die damaligen Gegebenheiten begrenzt, die Sehnsucht nach dem Land war es gewiss nicht.

Die Fischernetze sind zum Trocknen aufgehängt – Abendstimmung an einem märkischen See.

Am Ende schließt sich der Kreis: Die Reise durch LandSchaft, LandArbeit und LandLeben der Mark Brandenburg begann mit Fontanes Aufforderung, Land und Leuten mit Zuneigung zu begegnen. Spuren von Geschichte sind überall zu finden im märkischen Sand. Brandenburgs Vergangenheit in allen Punkten gerecht zu werden, erscheint als ein schier unerschöpfliches Unterfangen.

Für die Zeitperiode 1900 bis etwa 1960 wurden ausgewählte Aspekte der wechselvollen Geschichte Brandenburgs und der vielfältigen märkischen Landschaft zusammengetragen und dabei die wesentlichen Veränderungen in der Landwirtschaft und der Lebenswelt märkischer Dörfer in den Mittelpunkt gerückt. Die Auswahl erfolgte ganz im Sinnes des Fontane-Wortes, das das Schlusswort bilden soll: »... und sorglos habe ich gesammelt, nicht wie einer, der mit der Sichel zur Ernte geht, sondern wie ein Spaziergänger, der einzelne Ähren aus dem reichen Feld zieht.«

Bildnachweis

Mit freundlicher Genehmigung von:
© Agrarmuseum Wandlitz S. 9, 17, 20, 26, 29, 31, 32, 36, 38, 39, 47, 48, 50, 51, 52, 53, 54, 55, 56, 57, 58, 60, 61, 67, 68, 69, 70, 71, 72, 73, 74, 75, 76, 77, 78, 79, 80, 81, 83, 84, 85, 86, 87, 88, 89, 90, 92, 94, 98, 99, 105, 107, 108, 109, 110, 113, 116, 119, 120, 121,126, 127, 128, 129, 130, 131, 134, 135. © Doris Antony S.115. © Kreisarchiv Barnim S. 19, 33, 34, 35, 59, 97, 100, 101, 102, 103, 106, 114, 117, 118, 122, 123, 124. © Landesgeschichtliche Vereinigung für die Mark Brandenburg e.V. (Berlin), Archiv S. 49, 62, 63. © Sammlung Kreismuseum Genthin S. 12. © Stadtmuseum Schwedt S. 64. © Thomas Theise S. 7, 11, 22, 28, 65, 132, 133, 137.

Umschlagbilder: *vorne* Agrarmuseum Wandlitz (gr.), Thomas Theise; *hinten* Agrarmuseum Wandlitz

In Zusammenarbeit mit dem Agrarmuseum Wandlitz

Impressum

Produktmanagement: Dr. Birgit Kneip
Textredaktion: Thomas Theise, Regensburg
Graphische Gestaltung, Litho und Satz: Medienfabrik GmbH, Stuttgart
Herstellung: Bettina Schippel
Druck und Bindung: Korotan Ljubljana d.o.o., Slowenien

Bibliografische Information der Deutschen Nationalbibliothek
Die Deutsche Nationalbibliothek verzeichnet diese Publikation in der Deutschen Nationalbibliografie; detaillierte bibliografische Daten sind im Internet über http: //dnb.d-nb.de abrufbar

ISBN 978-3-7658-1805-9

Agrarmuseum Wandlitz

16348 Wandlitz, Breitscheidstraße 22

Öffnungszeiten
01. April–31. Oktober:

Dienstag–Freitag	10–17 Uhr
	und
Samstag, Sonntag, Feiertage	10–17 Uhr

01. November–31. März:

Dienstag–Freitag	10–17 Uhr

Gruppenbesuche sind nach Vereinbarung auch außerhalb dieser Zeiten möglich.

Telefon/Fax: 033397-21558/60888
E-Mail: agrarmuseum@wandlitz.de